Steve Kennedy Henkel

Rituale für Hipster & Heilige und alles dazwischen

STEVE KENNEDY HENKEL

RITUALE

FÜR HIPSTER & HEILIGE UND ALLES DAZWISCHEN

GIN-TONIC-LITURGIE, BARISTA-GEBETE & BIKE-SEGEN

neukirchener

FSC www.fsc.org MIX Papier aus verantwortungsvollen Quellen FSC® C117425

Bibliografische Information der Deutschen Nationalbibliothek:
Die Deutsche Nationalbibliothek verzeichnet diese Publikation in der Deutschen Nationalbibliografie; detaillierte bibliografische Daten sind im Internet über http://dnb.d-nb.de abrufbar.

2. Auflage 2023

Gesamtgestaltung und DTP:
Grafikbüro Sonnhüter, www.grafikbuero-sonnhueter.de
unter Verwendung von Bildern von © MoreVector, AVIcon, Sertaa (shutterstock.com)
Lektorat: Hauke Burgarth, Pohlheim
Verwendete Schrift: Bourton, Minion
Gesamtherstellung: Pario Print, Krakau
Printed in Poland
ISBN 978-3-7615-6822-4 (Print)
ISBN 978-3-7615-6823-1 (E-Book)

www.neukirchener-verlage.de

MEINER OMA,
DIE MIR GEZEIGT HAT,
WIE WICHTIG ES IST,
IN TRADITION GEBORGEN ZU SEIN.

MEINEN ELTERN,
DIE MIR GEZEIGT HABEN,
WIE WICHTIG ES IST,
IMMER DEN SCHRITT RAUS
INS NEUE ZU GEHEN.

INHALT

WIESO DIESES BUCH?

Es heißt, noch keine gute Geschichte habe mit „Ein stilles Wasser, bitte!“ angefangen. So ist die erste Flasche Wein auch schon leer, als wir auf dem Sofa eines Freundes sitzen und er fragt: „Warum machst du daraus eigentlich kein Buch?“ Daraus, damit meint er diese Geschichte.

UND WIE GEHT'S?

„Und, wie geht’s?“ – „Ach, ganz gut, gerade nur ein bisschen stressig. Nächste Woche wird es besser.“ Hände hoch, wer das schon mal gesagt hat. Ich definitiv. Und ich habe es nicht nur gesagt, sondern auch geglaubt. Irgendwann wird’s schon besser. Das ging sehr lange gut, bis es nicht mehr gut ging. Bis an einem Montag gar nichts mehr ging, weder Wichtiges noch Unwichtiges, nicht mal Zähneputzen. Ich habe ein bisschen gebraucht, um meine Prioritäten – eigentlich auch mein Leben – wieder auf die Reihe zu bekommen. Und zwar genau in der Reihenfolge.

ES WIRD NICHT BESSER

Das Problem ist, wir denken, diese Woche, in der es besser wird, kommt von selbst, wenn alles Wichtige erledigt ist. Die Wahrheit ist: Es wird immer etwas Wichtiges geben. Solange dir jede Mail, jede WhatsApp und jede nice Idee diktieren, wie du den Tag zu leben hast, wird sich nichts ändern. Was sich ändern muss, sind deine Prioritäten.

PRIORITÄTEN MADE BY JESUS

Jesus wirkt nie gestresst, obwohl ständig jemand etwas Wichtiges von ihm will. Er lässt sich den Tag nicht vom Stress diktieren. Er nimmt regelmäßig Auszeiten für sich und mit Gott. Er geht auf Berge und in die Wüste – Hauptsache allein. Und er macht genau das Gegenteil. Feiert, isst und trinkt mit Freunden und interessanten Leuten. Er sucht sich bewusst Quality Time mit Gott und mit Menschen, die ihm guttun. Wenn unser Leben aus der Balance kommt, dann liegt es meistens daran, dass wir von beidem zu wenig haben.

RITUALE – PRIORITÄTEN EIN ZUHAUSE GEBEN

Das alles ist kein Geheimwissen, aber es ist schwierig umzusetzen. Was mir beim Prioritätensetzen geholfen hat, sind Rituale. Der Philosoph Byung-Chul Han sieht in Ritualen ein Zuhause. Er nennt sie „Techniken der Einhausung“. Es sind Gelegenheiten, durch die meine Prioritäten in den Alltag einziehen und dort wohnen können.

LEBEN ZWISCHEN PAUSE UND PARTY

Mich jeden Morgen in heiliger Ruhe zu sammeln, bevor die Wichtigkeiten des Tages auf mich hereinbrechen, geschieht zum Beispiel in der Kaffee-und-Kosmos-Meditation. So bleibe ich vertikal verbunden. Die Feste des Kirchenjahrs sorgen dagegen für meine horizontale Quality Time mit Menschen, die mir guttun. Das kann ich zum Beispiel in der Gin-Tonic-Liturgie feiern. Die Stärke von Ritualen ist: Wenn sie mal in deinem Herz und Alltag wohnen, musst du nicht mehr drüber nachdenken, ob du diese Priorität setzt – du machst es einfach.

Wenn du willst, fängt diese Woche, in der es besser wird, jetzt an.

WIE FUNKTIONIERT DIESES BUCH?

Im Prinzip geht es in diesem Buch um Achtsamkeit. Dazu ist schon viel geschrieben worden. Es gibt Podcasts und Seminare, aber eigentlich reicht es auch, sich daran zu orientieren, was Jesus gemacht hat, um sich nicht verrückt machen zu lassen: Nimm dir Zeit mit Gott und feiere zusammen mit Menschen, die dir guttun. Diese horizontale und vertikale Ausrichtung bildet auch die beiden Schwerpunkte des Buches.

DEINE HEILIGE STILLE FINDEN

Viele Gebete und Liturgien sind dafür da, um dich selbst zu sammeln. Vor allem die täglichen Formate sind beim Thema Achtsamkeit wichtig. Hier lohnt es sich, dranzubleiben. Um eine neue Gewohnheit zu etablieren, braucht es ca. 60 Tage, an denen du sie ausführst. Wie bei einer neuen Wohnung ist auch bei einem neuen Ritual Zeit nötig, um darin heimisch zu werden. Manches wirst du irgendwann auswendig können, zum Beispiel die Eröffnung, die immer gleich ist, oder das Vaterunser. Im Englischen sagt man dazu: learning by heart – mit dem Herz lernen. Wenn es da angekommen ist, weißt du, es ist am richtigen Platz. Am Anfang ist es sinnvoll, nah am Ablauf zu bleiben, später kannst du auch mehr variieren oder zu Büchern mit komplexeren, aber abwechslungsreicheren Liturgien übergehen.

Immer wenn du betest, ist es auf jeden Fall gut, das Handy und alle digitalen Geräte im Flugmodus und am besten in einem anderen Zimmer zu haben. Manche Gebete kannst du gut auf einem Stuhl am Tisch beten. Für andere kannst du ausprobieren, dir zum Beispiel mit Kerzen, einer Ikone oder einem Kreuz einen besonderen Ort herzurichten, an dem du vielleicht auch knien kannst. Auch dieser Ort sollte ungestört sein.

MIT LIEBLINGSMENSCHEN FEIERN

Andere Formen sind nicht aufs Ungestörtsein ausgerichtet, sondern für eine Gruppe von Menschen gedacht: Freunde, Familie, WG, Gemeinde – analog oder digital verbunden. Menschen, die dir guttun. Denn zum ausgeglichenen Leben gehört eben auch Quality Time mit anderen Menschen.

BAUANLEITUNG

Dieses Buch soll eine kleine Bauanleitung sein, wie du solche Pfeiler in deinen Alltag einbauen kannst. Jedes Kapitel beginnt mit einem kleinen Denkanstoß zum Thema. Wenn eine Liturgie ein Gedankentanken vorsieht, kann man an dieser Stelle zum Beispiel auch den Denkanstoß vom Beginn des Kapitels einbauen.

Kursive Texte enthalten Tipps, wie du bestimmte Dinge ausführen kannst.

[Eckige Klammern] zeigen Aktionen, die du auch auslassen kannst, wenn du weniger Zeit zur Verfügung hast.

DEIN BUCH, DEIN VERSUCH

Die amerikanische Theologin Nadia Bolz-Weber spricht davon, dass man tief in der Tradition verwurzelt sein muss, um sich mit Integrität erneuern zu können. Darum soll es hier gehen. Manche Texte sind Jahrtausende alt, von Milliarden Menschen durchbetet und dadurch zeitlos geworden. Andere sind ganz neu, von und für heute geschrieben.

Alle Formen sind ein – mein – Versuch, mit Integrität zu erneuern. Du hast dieses Buch gekauft: Jetzt sind sie dein Versuch. Das heißt auch, dass du sie so anpassen kannst, damit sie für dich funktionieren. Wenn du manches lieber frei betest, bete frei. Wenn du etwas besser schreiben willst, schreibe es um. Es ist Zeit, dieses Buch und die Rituale darin zu deiner (Ein)Wohnung zu machen.

Ich wünsche dir dafür Ruhe, Segen und Spaß,
Steve

DURCH DEN TAG

START IN DEN TAG

1. DER MORGEN-MOMENT

„Morgenstund hat Gold im Mund" sagt der Volksmund, aber um ehrlich zu sein, glaube ich, er lügt. Denn oft genug hat die „Morgenstund" gar kein Gold im Mund, sondern nur einen trockenen, leicht pelzigen Geschmack. Wenn ich mich dann im Badezimmerspiegel beim Zähneputzen beobachte, scheint das Gold auch sehr weit weg zu sein – ich bin ja froh, wenn ich mir halbwegs aufrecht ins Gesicht schauen kann. Was mich daran erinnert, dass ich dringend mal ein angenehmes Licht im Bad anbringen wollte, was mich wiederum daran erinnert, dass ich das heute ganz sicher nicht machen kann, weil es viele andere Sachen gibt, die ich heute erledigen muss. Inzwischen tropft mir dann etwas Zahnpasta aus dem Mund aufs T-Shirt. Gold im Mund wäre besser, das würde wenigstens goldene Flecken geben.

An manchen Tagen habe ich überhaupt keine Lust, mir auch noch Zeit fürs Gebet oder eine stille Zeit zu nehmen. Schließlich habe ich schon relativ viel gestemmt, bis ich mit der Morgenroutine fertig bin. Und dann fängt der eigentliche Arbeitstag erst an! Manchmal muss ich mich zwingen. Dann rufe ich mir einen Satz von Martin Luther ins Gedächtnis: „Heute habe ich viel zu tun, darum muss ich viel beten.“ Und so knie ich mich hin und mache es einfach.

Denn „es einfach machen“ ist – dafür, dass es so ein banales Motto ist – ziemlich effektiv.

Einfach machen.

Wenn ich mal die Streichhölzer in die Hand genommen und die Kerzen angezündet habe, die in zwei leeren Ginflaschen stecken, weiß ich, ich werde es auch durchziehen. Ich bin schon darauf konditioniert: Jetzt kommt etwas Heiliges.

Und ich werde ruhig, obwohl ich noch gar nicht angefangen habe. Mein Blick fällt auf die Ikone, die zwischen den beiden Kerzen hängt. Christus surft auf zwei Türen, die er beim „hinabgestiegen in das Reich des Todes“ eingetreten hat, aus dem Dunkel der Unterwelt heraus. Links und rechts an der Hand reißt er Adam und Eva mit sich. Das alles ist auf goldenem Hintergrund gemalt – der Farbe Gottes in der Kunst.

Ehrlich: Nicht immer fühlen sich diese 20 Minuten am Morgen für mich an wie „heilige Zeit“. Manchmal empfinde ich sie einfach nur als Zeit. Und trotzdem bereue ich es nie. Irgendetwas nehme ich immer mit, wenn ich wieder aufstehe. Und sei es die Hoffnung, dass Jesus mich auch irgendwie an der Hand nimmt und mit mir zusammen in diesen Tag surft. Aber manchmal fällt mir nachmittags ein Bibelvers oder ein Satz aus einem Gebet vom Morgen wie ein kleines Goldstück in den Schoß. Und dann bin ich froh um die goldenen Flecken in meinem Tag.

Für das Beten am Morgen eignet sich am besten die Zeit nach dem Aufstehen. Wer da noch sehr müde ist, sollte ruhig erst eine Tasse Kaffee trinken – halbwegs wach betet es sich besser.

Wenn du etwas mehr Abwechslung bzw. Impulse ins Morgengebet bringen möchtest, kannst du anstelle der Lesung wechselnde Texte einbauen. Dafür kannst du zum Beispiel die Texte des

***ökumenischen Bibelleseplans** nehmen, die Website oder die App **„Kirchenjahr Evangelisch“** bietet für jede Woche sechs Lesungen und einen Psalm, also für jeden Tag eine Lesung. Die **Herrnhuter Losungen** haben einen Bibelvers für jeden Tag. Und die Apps **Tagesevangelium** und **Evangelizo** bieten das Katholische Lesejahr und Letztere auch die Heiligen des Tages. Natürlich kannst du an dieser Stelle auch andere inspirierende Texte einsetzen, etwa aus Büchern, die du gerade liest oder zum Beispiel aus einem Fastenkalender.*

Das Morgen- und das Abendgebet hier sind für den persönlichen Fokus gedacht. Für deine persönliche Zeit mit Gott. Wenn ihr als Paar eine sehr enge, auch geistliche Beziehung habt, lässt es sich auch zusammen beten.

Nimm die einen Moment Zeit. Atme mehrmals tief ein und aus. Zünde die Kerze an.

ERÖFFNUNG

Gott, öffne meinen Mund,
damit mein neuer Tag mit Lob beginnt.
Im Namen des Vaters,
des Sohnes und des Heiligen Geistes.
Amen.

GEBET

Gott,
die Sonne steigt auf, um dich zu loben.
Auch ich bin aus dem Bett gestiegen, um vor dir zu sein.

Öffne meine Lippen, dass ich dich lobe,
und deine Worte wie die Sonne in mein Herz lasse.
Sei du heute mein Licht an diesem Tag – egal was kommt.
Lass mich den Menschen, denen ich begegnen werde,
etwas von deinem Licht weitergeben.
Behüte mich und meine Lieben,
bis heute Abend die Sonne untergeht
und wir uns wiedersehen.
Amen.

oder

Lieber Gott,
diese Nacht war (wieder) zu kurz.
Unruhig bin ich ins Bett gegangen. Unruhig war mein Schlaf.
Unruhig bin ich aufgewacht.
Wenn ich jetzt bete und meine Sorgen
und Gedanken vor dich lege,
nimm sie mir ab.
Mach du heute damit, was du für richtig hältst.
Gib mir die Kraft, diesen Tag zu bestehen.
Lass mich in der Liebe ehrlich sein und im Ärger langsam.
Gib mir die Gelassenheit, die Dinge hinzunehmen,
die ich nicht ändern kann,
und die Stärke, die Dinge zu gestalten,
auf die ich Einfluss habe.
Vor allem aber halte du Wache über diesem Tag.
Amen.

oder

Ich danke dir, mein himmlischer Vater,
durch Jesus Christus, deinen lieben Sohn,
dass du mich diese Nacht vor allem Schaden

und Gefahr behütet hast.
Ich bitte dich, du wollest mich diesen Tag auch behüten
vor Sünden und allem Übel,
dass dir all mein Tun und Leben gefalle.
Denn ich befehle mich, meinen Leib,
meine Seele und alles in deine Hände.
Dein heiliger Engel sei mit mir,
dass der böse Feind keine Macht an mir finde.
Amen.

MARTIN LUTHER

oder ein anderes Gebet aus dem Pendler-Gebet (Seite 32)

PSALM

Herr, deine Güte reicht bis an den Himmel
und deine Wahrheit bis zu den Wolken.
Deine Gerechtigkeit steht fest wie die Berge Gottes,
dein Recht ist so grenzenlos wie die große Flut.
Herr, du hilfst Menschen und Tieren.
Wie kostbar ist doch deine Güte.
Zu dir kommen die Menschenkinder,
im Schatten deiner Flügel finden sie Schutz.
Von den Gaben deines Hauses essen sie sich satt.
Von dem Bach, der zu deiner Freude strömt,
gibst du ihnen reichlich zu trinken.
Denn bei dir ist die Quelle des Lebens.
In deinem Licht sehen wir das Licht.

PSALM 36, 6-10 (BASISBIBEL)

und/oder

Ich schaue hoch zu den Bergen.
Woher kommt Hilfe für mich?
Hilfe für mich, die kommt vom HERRN!
Er hat Himmel und Erde gemacht.
Er lässt deinen Fuß nicht straucheln.
Der über dich wacht, schläft nicht.
Sieh doch, der über Israel wacht:
Der schläft und schlummert nicht.
Der HERR wacht über dich.
Der HERR ist dein Schutz,
er spendet Schatten an deiner Seite.
Am Tag wird dir die Sonne nicht schaden
und der Mond nicht in der Nacht.
Der HERR behütet dich vor allem Bösen.
Er wacht gewiss über dein Leben.
Der HERR behütet dein Gehen und Kommen
von heute an bis in alle Zukunft.

PSALM 121 (BASISBIBEL)

und/oder der Psalm des Wochentags (Seite 82 ff.)

CANTICUM – BENEDICTUS

Gelobt sei der Herr, der Gott Israels!
Denn er ist seinem Volk zu Hilfe gekommen
und hat es erlöst.
Er hat uns einen starken Retter gesandt,
einen Nachkommen seines Dieners David.
So hat Gott es von jeher angekündigt
durch den Mund seiner heiligen Propheten –
einen Retter, der uns befreit von unseren Feinden

und aus der Gewalt aller, die uns hassen.
Damit hat Gott auch unseren Vorfahren
seine Barmherzigkeit erwiesen.
Er hat an den heiligen Bund gedacht,
den er mit ihnen geschlossen hat.
Ja, er hat an den Eid gedacht,
den er unserem Vater Abraham geschworen hat:
uns aus der Hand von Feinden zu retten.
Dann können wir ohne Angst Gott dienen
unser Leben lang – in seiner Gegenwart
als Menschen, die heilig und gerecht sind.
Und du, Kind,
wirst ein Prophet des Höchsten genannt werden.
Du wirst dem Herrn vorangehen
und den Weg für ihn bereit machen.
Du schenkst seinem Volk die Erkenntnis,
dass der Herr es retten will
und ihm die Schuld vergibt.
Unser Gott hat ein Herz voll Erbarmen.
Darum kommt uns das Licht aus der Höhe zur Hilfe.
Es leuchtet denen,
die im Dunkel und im Schatten des Todes leben.
Es lenkt unsere Füße auf den Weg des Friedens.

LUKAS 1, 68 79 (BASISBIBEL)

[LESUNG]

Liturgischer Text des Tages / Losungen /
Fastenkalender / anderer Text

STILLE

Sei einfach da vor Gott. Sprich dich aus oder meditiere.
Diese Fragen können dir helfen, dich zu strukturieren:
Wie war die Nacht?
Wofür warst du gestern dankbar?
Was bringt der Tag?
Worauf freust du dich?
Was macht dir Sorgen?
Für wen/was möchtest du noch beten?
Leg es vor Gott hin.

VATERUNSER

Vater unser im Himmel,
geheiligt werde dein Name.
Dein Reich komme.
Dein Wille geschehe.
Wie im Himmel so auf Erden.
Unser tägliches Brot gib uns heute,
und vergib uns unsere Schuld,
wie auch wir vergeben unseren Schuldigern.
Und führe uns nicht in Versuchung,
sondern erlöse uns von dem Bösen.
Denn dein ist das Reich,
und die Kraft und die Herrlichkeit,
in Ewigkeit.
Amen.

♫ [LIED]

Wer gern singt,
kann an dieser Stelle ein passendes Lied singen.

SEGEN UND SENDUNG

Gott,
segne mich für diesen Tag,
und sende mich in diesen Tag.
Ich gehöre dir und niemand kann mich
aus deiner Hand reißen.
Diesen Tag und alle Tage.
Amen.

Nach dem Gebet kannst du dir zum Beispiel noch deine Morgen- oder Gute-Laune-Playlist anmachen.

2. KAFFEE-UND-KOSMOS-MEDITATION

Chaos. Am Anfang der Welt – am Urmorgen – soll ein völliges Chaos geherrscht haben. Alles liegt überall herum, vor allem da, wo es nicht sein soll. Urflut hier, Kometensplitter da und über allem das undurchsichtige Wabern des Urnebels.

Manchmal sieht mein Morgen auch so aus. Ich schlage die Augen auf und was ich sehe, ist die Decke, aber vor meinem inneren Auge entfaltet sich das Chaos des Tages. Irgendwas zwischen Druck und Unlust baut sich auf.

Ob das Gott am Urmorgen auch so ging? Ich stelle mir Gott immer etwas motivierter und viel kraftstrotzender vor als mich – aber vielleicht ruhte ihr Geist ja auch ganz entspannt auf der Milchstraße, zugedeckt vom Glanz des Kosmos, als sie die Augen aufschlägt und denkt: „Ach, heute ist ja das mit der Erde!" Irgendwie rafft sie sich aber auf, schlägt den Glanz des Kosmos beiseite, krempelt die heiligen Ärmel hoch und macht sich an die Arbeit. Aber sie fängt nicht damit an, Menschen zu bauen oder Kolibris zu dekorieren, zuerst bringt sie Ordnung ins Chaos. Erst mal das Urmeer ordnen, dass man überhaupt mal Land sehen kann in dem ganzen Tohuwabohu. Dann Tag und Nacht scheiden und damit Licht ins Dunkel bringen. Erst dann macht sie sich an den Rest, an die Amöben, die Blauwale und die Orchideen – die sicher sehr aufwendige Fleißarbeit waren.

Auch wenn meine Tage deutlich weniger erfordern, als die Welt in Ordnung zu bringen – ich denke, von diesem Schema kann man lernen. Bevor du das Chaos des Tages auf dich hereinbrechen lässt, nimm dir erst einmal Zeit, den Nebel zu lichten, Licht ins Dunkel zu bringen und Land zu sehen.

Die erste Tasse Kaffee am Morgen kann so ein Moment sein, dich in heiliger Stille zu sammeln, bevor du die Ärmel hochkrempelst, das Chaos in seine Schranken weist und eine Aufgabe nach der anderen wegarbeitest.

Und wenn es gut läuft, kannst du am Ende des Tages so resümieren, wie Gott es nach der Schöpfung tut: Siehe, es ist sehr gut geworden.

Du kannst dich einfach mit deinem Kaffee an deinen Esstisch setzen.

Stell eine Kerze vor dich und zünde sie am besten mit einem Streichholz an. Atme einige Male bewusst durch.

ERÖFFNUNG

Gott, öffne mir mein Herz und meinen Verstand,
wie sich der Tag vor dir öffnet.
Im Namen des Vaters, des Sohnes und des Heiligen Geistes.
Amen.

MEDITATION

Ewige:r.
Am Morgen der Welt lag alles im Chaos.
Du hast die Ordnung gebracht, die Leben erst möglich macht.
Komm jetzt auch in meinen Morgen,
und hilf mir, meinem Tag Struktur zu geben.
Ordne das Meer meiner Gefühle, dass ich Land sehen kann.
Lichte den Nebel meiner Gedanken,
dass ich Klarheit bekomme.
Geh über meiner Seele auf,
wie die warme Sonne am Morgen.
Amen.

Nimm dir deine stille Zeit und trinke in Ruhe deinen Kaffee. Das ist dein heiliger Moment. Wenn du magst, schließe die Stille mit dem Vaterunser oder einem freien Gebet ab.

SEGEN

Mein Gott,
in der Stille habe ich mich bei dir gesammelt.
Leg deinen Segen auf mich,
wenn ich jetzt den Tag in Angriff nehme.
Amen.

3.
AUS-DEM-HAUS-GEH-SEGEN FÜR DIE KIDZ

Er hat gerade seinen Sohn aus der Kita abgeholt. Jetzt geht es noch einkaufen – die eigene Maske nicht vergessen und nicht die Maske für den Kleinen. Hoffentlich ist die Stimmung zu Hause nicht wieder im Keller, weil seine Frau und die Große sich zwischen Heimunterricht und Homeoffice wieder hoffnungslos zerstritten haben. Gerade hat er eingeparkt, da sagt der Kleine: „Papa, soll ich Konfetti werfen?" – „Nein, nicht im Auto! Das kriegen wir hier nie raus", sagt er reflexhaft und stutzt dann: „Woher hast du überhaupt Konfetti?" – „Ich habe immer Notfall-Konfetti in der Tasche! Falls es gute Nachrichten gibt!" Papa stutzt wieder. Er merkt wieder mal, wie *anders* Kinder die Welt sehen. Und er schmunzelt: „Vergiss deine Maske nicht, wir gehen jetzt einkaufen".

Ich verstehe diesen Vater so gut. Er hat den Kopf voll. Wie viele deiner Gedanken fangen mit „Hoffentlich nicht …“ an? Aber wie viele Vorkehrungen hast du getroffen, falls es unerwartete *gute* Nachrichten gibt?

Ob Jesus das meinte, als er sagte: „Ihr müsst werden wie die Kinder! Sonst wird das nichts mit dem Himmelreich.“?

Auf jeden Fall glaube ich, es wäre mehr Himmel auf Erden, wenn wir nicht nur Kinder belehren, sondern ab und zu auch mal was von ihnen lernen würden. Nicht: „Was könnte alles schiefgehen?“ Sondern uns trauen zu hoffen, dass etwas gut werden wird.

Ich habe inzwischen eine Flasche Notfall-Sekt im Kühlschrank. Man will ja nicht unvorbereitet sein, wenn es gute Nachrichten gibt.

Kinder sind ein Segen für Erwachsene, weil sie in vielem noch nicht so verbildet sind wie wir. Aber deshalb sind sie auch viel verletzlicher als wir, nicht nur, weil sie klein sind, sondern auch, weil sie sich noch kein so dickes Fell haben wachsen lassen.

Deshalb geben wir ihnen gern auf dem Weg in die Kita oder in die Schule einen Segen mit. Weil wir wissen, dass wir als Eltern nicht immer da sein können – aber wollen, dass Gott dann für sie da ist und auf sie aufpasst.

Du kannst deinem Kind zum Segen ruhig die Hand sanft auf den Kopf legen und ihn mit einem Kreuzzeichen auf der Stirn beenden. Ihr könnt euch den Segen auch gegenseitig zusprechen.

SEGEN

Gott lasse Segen auf dich regnen wie Konfetti.
Er schütze dich vor allem Bösen.
Er lasse deinen Tag leuchten mit Schönem,
und er führe dich auf dem Weg seines Friedens.
So segne dich Gott,
Vater, Sohn und Heiliger Geist.
Amen.

4. AUF DEM WEG ZUR ARBEIT

Montag. 6.05 Uhr. Der Wecker klingelt. Ich stelle meinen Wecker immer auf 6.05 Uhr, weil ich meine, dass es dann später ist als 6, also müsste ich fast ausgeschlafen sein … Bin ich natürlich nicht.

Trotzdem: Aufstehen. Zähneputzen. Duschen. Rasieren. Deo. Anziehen. Müsli. Dann Fahrrad. Links überholen. Rechts überholen. Frau mit Lastenfahrrad fährt genau in der Mitte des Radwegs. Umständlich überholen. Rote Ampel.

8.07 Uhr. Büro. Einstempeln. E-Mails. Telefonate. Besprechung. Thunfischsalat aus der Tupperbox. Powernapping auf dem Schreibtisch.

Dann Kollegen treffen: Ach ja, das Wochenende – O wie schön! – Ach, ein Ausflug? Klingt toll.

Danach wieder: Telefonate. Mails. Besprechung … lange Besprechung … Hunger.

Er redet viel … Hunger … Ich rede leider auch viel. Hunger. Fertig.

Mir fallen sieben Sachen ein, die ich heute noch machen wollte.

Ich beschließe, noch drei zu erledigen – fürs Gewissen und wegen des Hungers.

19.04 Uhr. Ausstempeln. Anfahren. Rote Ampel. Anfahren.

Fußgänger läuft verträumt über den Fahrradweg. Fußgänger anschreien. Anfahren. Zu Hause.

Tür aufschließen. Sich über die Schuhe ärgern, die jemand in den Weg gestellt hat.

Dann komme ich in die Küche. Es riecht nach gebratenen Garnelen. Zwei Gläser Wein stehen auf dem Tisch. Kerzen verbreiten ein warmes Licht. Jemand hat nicht nur seine Schuhe im Weg stehen lassen, sondern auch mein Lieblingsessen gekocht.

So ist gut sein.

Nicht jeder Tag ist gut. Aber du kannst jedem Tag zumindest die Chance geben, gut zu sein. Und wenn er es nicht aufgrund dessen ist, was du selbst tust, ist er es vielleicht aufgrund dessen was jemand anderes für dich tut. Oder was Gott für dich tut.

Pendler verbringen viel Zeit unterwegs. Oft sind das Zeiten, in denen wir keine besondere Beschäftigung haben. Also ist es eigentlich ideal, diese Momente zum Beten zu nutzen, vor allem, wenn man dafür nicht einmal früher aufstehen muss. Das Pendler-Gebet kann im Bus, im Zug, in der U-Bahn oder auch im Flugzeug gebetet werden.

Es bringt Ruhe in den Tag, einfach ein paar Minuten in der Stille mit Gott zu verbringen, bevor das Leben voll losgeht.

ERÖFFNUNG

Im Namen des Vaters, des Sohnes und des Heiligen Geistes. Amen.

GEBET

Pendler-Litanei
Ewiger Gott,
heute Morgen hat der Wecker geklingelt.
Du warst da.
Ich habe mich noch mal umgedreht.
Du warst da.
Ich habe die Zähne geputzt und mich angezogen.
Du warst da.
Ich habe gefrühstückt.
Du warst da.
Ich habe meine Lieben verabschiedet.
Du warst da.

Ewiger Gott,
ich bin auf dem Weg zur Arbeit.
Du bist da.
Und ich bin ganz bei dir.
Diese Zeit gehört uns beiden.
Du bist da.

Ewiger Gott,
vor mir liegt die Arbeit.
Du wirst da sein.
Ich werde Verantwortung tragen.
Du wirst da sein.
Vor mir liegen die Kollegen und Kontakte.
Du wirst da sein.
Vor mir liegt das Risiko, Fehler zu machen. Auch dann:
Du wirst da sein.
Vor mir liegt die Chance, etwas zu bewirken und gelingen zu lassen.
Du wirst da sein.

Du warst da.
Du bist da.
Du wirst da sein.
Bis ich heute wieder nach Hause fahre
und von Ewigkeit zu Ewigkeit.
Amen.

oder

Herr, mach mich heute zu einem Werkzeug deines Friedens,
dass ich Liebe übe, wo man hasst;
dass ich verzeihe, wo man beleidigt;
dass ich verbinde, wo Streit ist;
dass ich die Wahrheit sage, wo der Irrtum herrscht;
dass ich den Glauben bringe, wo der Zweifel drückt;
dass ich die Hoffnung wecke, wo Verzweiflung quält;
dass ich Licht entzünde, wo die Finsternis regiert;
dass ich Freude bringe, wo der Kummer wohnt.
Herr, lass mich trachten:
nicht, dass ich getröstet werde, sondern dass ich tröste;
nicht, dass ich verstanden werde, sondern dass ich verstehe;
nicht, dass ich geliebt werde, sondern dass ich liebe.
Denn wer da hingibt, der empfängt;
wer sich selbst vergisst, der findet;
wer verzeiht, dem wird verziehen,
und wer stirbt, der erwacht zum ewigen Leben.
Amen.

FRANZISKUS VON ASSISI

oder ein Gebet aus dem Morgen-Moment (Seite 17)

PENDLER-PSALM

HERR, du hast mich erforscht
und kennst mich genau.
Ob ich sitze oder stehe: Du weißt es.
Meine Absicht erkennst du von fern.
Ob ich gehe oder ruhe: Du bemerkst es.
Alle meine Wege sind dir bekannt.
Noch liegt mir kein Wort auf der Zunge,
schon weißt du, Herr, was ich sagen will.
Von hinten und vorn hast du mich umschlossen.
Und deine Hand hast du auf mich gelegt.
Zu wunderbar ist dieses Wissen für mich.
Es ist mir zu hoch: Ich kann es nicht fassen.
Wohin könnte ich gehen vor deinem Geist,
wohin fliehen vor deiner Gegenwart?
Würde ich in den Himmel steigen: Du bist dort.
Würde ich mich in der Unterwelt verstecken: Du bist auch da.
Würde ich hoch fliegen, wo das Morgenrot leuchtet,
mich niederlassen, wo die Sonne im Meer versinkt:
Selbst dort nimmst du mich an die Hand
und legst deinen starken Arm um mich.
Da sagte ich: »Finsternis komme über mich!
Nacht soll mich umhüllen wie sonst das Licht!«
Doch für dich ist die Finsternis gar nicht finster.
Und die Nacht leuchtet so hell wie der Tag:
Finsternis ist für dich gleich wie das Licht.
Ja, du hast meine Nieren geschaffen,
mich im Bauch meiner Mutter gebildet.
Ich danke dir dafür,
dass ich so unglaublich wunderbar geschaffen bin.
Ich weiß, wie wundervoll deine Werke sind.
Nichts war dir unbekannt an meinem Körperbau,
als ich im Verborgenen geschaffen wurde –

ein buntes Gewebe in den Tiefen der Erde.
Ich hatte noch keine Gestalt gewonnen,
da sahen deine Augen schon mein Wesen.
Ja, alles steht in deinem Buch geschrieben:
Die Tage meines Lebens sind vorgezeichnet,
noch bevor ich zur Welt gekommen bin.
Wie kostbar sind für mich deine Gedanken, Gott!
Wie zahlreich sind sie doch in ihrer Summe!
Wollte ich sie zählen: Es sind mehr als der Sand.
Käme ich zum Ende: Noch immer bin ich bei dir.

PSALM 139 (BASISBIBEL)

oder einen Psalm des Wochentags (Seite 82 ff.)

[LESUNG]

Je nach Dauer der Pendlerzeit kann an dieser Stelle zum Beispiel die Tageslosung, der Liturgische Text des Tages oder ein anderer Text gelesen werden.

STILLE

Sei einfach da vor Gott. Sprich dich aus oder meditiere.

Wie war die Nacht? Was bringt der Tag? Worauf freust du dich? Was macht dir Sorgen?

Leg es vor Gott hin.

VATERUNSER

Vater unser im Himmel,
geheiligt werde dein Name.
Dein Reich komme.
Dein Wille geschehe.
Wie im Himmel so auf Erden.
Unser tägliches Brot gib uns heute,
und vergib uns unsere Schuld,
wie auch wir vergeben unseren Schuldigern.
Und führe uns nicht in Versuchung,
sondern erlöse uns von dem Bösen.
Denn dein ist das Reich,
und die Kraft und die Herrlichkeit,
in Ewigkeit.
Amen.

SEGEN

Von dir behütet stand ich auf,
führ mich durch meines Tages Lauf,
bleib bei mir, auf allen meinen Wegen
mit deiner Kraft und deinem Segen.

UNBEKANNT

5.
STAU-GEBET

Du hast alles perfekt geplant und vorbereitet. Das Packen, das Ankommen und natürlich die Strecke. Du bist gerade losgefahren und wirst ausgebremst – Stau.
Oder du hast knapp kalkuliert. Hektisch alles eingesteckt. Wenn alles gut läuft, müsstest du genau pünktlich kommen. Du kommst am Bahnsteig an und wirst ausgebremst – Betriebsstörung.

Ich hasse Staus und Verspätungen. Ich bin ein ungeduldiger Mensch, für mich ist das meistens tote Zeit. Noch dazu bin ich meistens knapp dran und plane eher mit idealen Wegen und Zeiten und weniger mit Worst-Case-Szenarien. Deshalb steigt mein Blutdruck, wenn ich sinnlos an einem Gleis stehe oder im Stau. Umgekehrt proportional dazu sinkt meine Laune ins Bodenlose. Anstatt mich über mich selbst zu ärgern, dass ich nicht früher losgefahren bin (was ich ja hätte beeinflussen können), ärgere ich mich über den Stau, den ich nicht beeinflussen kann.

Es gibt da dieses Gebet. Das fällt mir dann manchmal ein, wenn der erste Ärger weg ist:

„Gott, gib mir die Kraft das zu ändern, was ich ändern kann. Gib mir die Geduld, das hinzunehmen, was ich nicht verändern kann. Und gib mir die Weisheit, das eine vom anderen zu unterscheiden.“

Hinnehmen ist gar nicht meine Stärke. Aber von meinem Ärger kommt kein Zug schneller – ich kann's ja eh nicht ändern. Das, was ich ändern kann, ist das, was ich mit dieser Zeit anfange.

Mich bei der Freundin melden, der ich schon ewig einen Rückruf schulde.

Ich suche auf dem Handy gute Musik, die mich herunterholt.

Oder manchmal bete ich auch.

Vielleicht bremst mich Gott manchmal absichtlich aus, weil ich in meinem Plan zu wenig an solche Pausen denke.

ERÖFFNUNG

Darum werft euer Vertrauen nicht weg, welches eine große Belohnung hat.
Geduld aber habt ihr nötig, auf dass ihr den Willen Gottes tut und das Verheißene empfangt.

HEBRÄER 10, 35-36 (LUTHER-ÜBERSETZUNG)

Im Namen des Vaters, des Sohnes und des Heiligen Geistes. Amen.

GEBET

Gott,
du bist Herr der Zeit.
Hier sitze ich,
lahmgelegt und zum Stillstand gebracht.
Bei dir gibt es keine verlorene Zeit.
So lass mich meine Gedanken sammeln
zu dir.
Amen.

MEDITATION

Der Satz wird, ähnlich wie ein Mantra, beliebig oft wiederholt. Zwischen jedem Satz wird einmal tief ein- und ausgeatmet.

Ewiger Gott, schenk mir Ruhe.
Einatmen – Ausatmen
Ewiger Gott, schenk mir Ruhe.
Einatmen – Ausatmen
Ewiger Gott, schenk mir Ruhe.
Einatmen – Ausatmen
Ewiger Gott, schenk mir Ruhe.
Einatmen – Ausatmen
…
Dein ist die Zeit.
Und dein ist die Ewigkeit.
Meine Zeit steht in deinen Händen.
Da ist sie gut aufgehoben.
Amen.

[VATERUNSER]

SEGEN

Gott,
gib mir ruhige Fahrt,
freie Straßen,
einen sicheren Wagen
und gute Musik.
Sei um mich, um mich zu schützen,
und über mir, um mich zu bewahren.
Sei mit deinem Segen auf all meinen Wegen.
Durch Jesus, deinen Sohn.
Amen.

6. REFOCUS

Ich verbringe zu viel Zeit auf Instagram. Im Büro oder zu Hause auf der Couch. Manchmal (shame on me!) auch, wenn ich mit Freunden unterwegs bin. Manchmal ist der Alltag so nervig oder auch einfach nur so grau, dass ich denke: Ich will jetzt mal das Schöne in der Welt sehen!

Dafür sind viele der sozialen Netzwerke da. Sie zeigen uns Traumstrände im Urlaub, geniales Essen, schöne – richtig schöne – Körper! Kurz: Sie sind da für die guten Seiten des Lebens. Und ich mag die guten Seiten des Lebens.

Wer schaut sich auch nicht gern schöne Dinge an? Nur, wenn man danach ins eigene Leben blickt, sieht man eben auch die unschönen oder einfach die langweiligen Dinge. Die Schmutzwäsche, die drei Kilo zu viel auf den Rippen, die allzu alltägliche Beziehung.

Letztens hat mir eine junge Followerin auf Instagram geschrieben: „Ich bin nicht stark, nicht stabil. Dinge können mich schnell mal aus der Bahn werfen.“ Das hat mich ins Nachdenken darüber gebracht, was ich so für Bilder poste. Und wie mein Leben im Vergleich dazu eigentlich ist. Was ich allen zeige, ist ja nur ein Ausschnitt. Ein Ausschnitt, den ich gern zeige, weil es schöne Dinge aus meinem Leben sind, die ich gern teile.

Die anderen Dinge sehe ich schon selbst nicht so gern – und finde daher auch nicht, dass andere sie sehen müssten.

Ich habe ihr dann geschrieben: „Du, ich glaube, das Geheimnis ist: Wir sind alle nicht stark und schön und unerschütterlich. Wir spielen alle nur." Im Grunde kann immer etwas kommen, was uns aus der Bahn wirft. Aber wie befreiend wäre es, wenn das kein Geheimnis wäre, das man sich in einer privaten Nachricht schreibt, sondern wenn wir es alle öfter sagen würden. Unseren Freunden, in den Social Media: „Wir spielen doch alle nur."

Das gefährlichste Spiel ist aber, sich selbst etwas vorzuspielen.

Dass mein Leben instagramable sein muss oder dass ich alles auf die Reihe kriegen muss oder dass die Schmutzwäsche nicht mal einen Tag länger liegen bleiben kann. Wir brauchen Momente zum refokussieren auf unsere Werte. Leben wir das Leben, das andere für uns bzw. von uns haben wollen? Leben wir das Leben, das wir meinen, leben zu müssen? Oder leben wir das Leben, das Gott für uns bereithält, wenn wir aufhören zu spielen?

ERÖFFNUNG

O Gott, komm mir zu Hilfe,
Herr, eile los, um mir zu helfen.
Im Namen des Vaters, des Sohnes und des Heiligen Geistes.
Amen.

GEBET

Mein Gott,
der Tag ist zur Hälfte vorbei.
Manches habe ich schon geschafft,
manches liegt noch vor mir.
Lass meine Seele jetzt ruhig werden.
Gib meinen Gedanken eine Pause.
Lass mich Kraft finden in deiner Stille,
damit ich danach wieder durchstarten kann.
In Jesu Namen.
Amen.

Atme mehrmals tief durch.
Nimm dir einen Moment Zeit zu überlegen, was du dir heute Morgen für diesen Tag vorgenommen oder von ihm erwartet hast.
Was war bisher gut? Wofür kannst du dankbar sein?
Was ist noch offen? Was davon kannst du jetzt schaffen und was planst du besser um?

und/oder

LESUNG

Dein Tag war nach deinen Maßstäben vielleicht nicht perfekt. Aber „perfekt" ist auch nicht die richtige Kategorie für die Arbeit oder das Leben. Lies dir noch mal laut vor, wen Jesus glücklich nennt.

Glückselig sind die, die wissen, dass sie vor Gott arm sind.
Denn ihnen gehört das Himmelreich.

Glückselig sind die, die trauern.
Denn sie werden getröstet werden.
Glückselig sind die, die von Herzen freundlich sind.
Denn sie werden die Erde als Erbe erhalten.
Glückselig sind die, die hungern und dürsten nach der Gerechtigkeit.
Denn sie werden satt werden.
Glückselig sind die, die barmherzig sind.
Denn sie werden barmherzig behandelt werden.
Glückselig sind die, die ein reines Herz haben.
Denn sie werden Gott sehen.
Glückselig sind die, die Frieden stiften.
Denn sie werden Kinder Gottes heißen.
Glückselig sind die, die verfolgt werden, weil sie für Gottes Gerechtigkeit eintreten.
Denn ihnen gehört das Himmelreich.
Glückselig seid ihr, wenn sie euch beschimpfen, verfolgen und verleumden, weil ihr zu mir gehört. Freut euch und jubelt!
Denn euer Lohn im Himmel ist groß!

MATTHÄUS 5, 3-11 (BASISBIBEL)

VATERUNSER

Vater unser im Himmel,
geheiligt werde dein Name.
Dein Reich komme.
Dein Wille geschehe.
Wie im Himmel so auf Erden.
Unser tägliches Brot gib uns heute,
und vergib uns unsere Schuld,
wie auch wir vergeben unseren Schuldigern.

Und führe uns nicht in Versuchung,
sondern erlöse uns von dem Bösen.
Denn dein ist das Reich,
und die Kraft und die Herrlichkeit,
in Ewigkeit.
Amen.

SEGEN

Mein Gott, ich habe mir etwas von deiner tiefen Ruhe geliehen,
leih du mir jetzt noch etwas von deiner Kraft,
damit dieser Tag gut weitergehen kann.
Segne mich und meine Arbeit.
Amen.

7. KAFFEE-MEDITATION

Meine Freundin Jana hat drei Prioritäten in ihrem Leben. Ihre Kinder, ihren Beruf und sehr guten Kaffee. Nur in Bezug auf die Reihenfolge bin ich mir nicht sicher. Der Kaffee könnte auch ganz oben stehen.

Einmal waren wir zusammen auf einer Fortbildung. Der Tag begann mit einer Andacht in einer Kapelle. Eine Minute vor Beginn betritt Jana die Kapelle, setzt sich zu mir in die erste Reihe und stellt ihren Latte Macchiato auf die Gesangbuch-Ablage vor uns. Gefrühstückt hat sich nicht. Aber diesen Latte Macchiato braucht sie. Mein inneres Spießer-Ich steht kurz vor der Eskalation – auf dem Altar stehen Brot und Wein für das heilige Abendmahl, von der Wand schaut Jesus vom Kreuz zu uns herüber, und da vor uns steht Janas Latte. „Das kannst du doch nicht machen!", flüstere ich. „Wieso nicht?", antwortet sie. Da stolpert mein inneres Spießer-Ich und legt sich hin. Ja, wieso eigentlich nicht? Ich hasse es, wenn Jana mich mit so etwas entwaffnet. Andererseits tut es mir gut, dass mal wieder jemand meinem inneren Spießer-Ich die Grenzen aufzeigt, sonst bildet es sich zu viel auf sich ein – und meine anderen inneren Ichs müssen ja auch noch Platz haben.

Vielleicht ist der Kaffee in der Kapelle genau am richtigen Platz, denn seien wir ehrlich: Kaffee hat für manche schon einen quasi-religiösen Charakter! Für die ganzen Kaffee-Memes, die Instagram täglich produziert, hätte ein 2006er Nokia-Handy auf keinen Fall genug Speicherplatz gehabt.

Wäre ein mittelalterlicher Mönch mit Stress und Überforderung konfrontiert worden, so hätte er seine Routine unterbrochen und sich in der Stille seiner Klosterkirche vor Gott betend auf den Boden geworfen. Heute stehen wir vom Schreibtisch auf und suchen Rettung bei der Kaffeemaschine: Hilf doch, heiliger Nespresso, erquicke uns, seliger Cold Brew!

Klar, vom Koffein erwarten wir keine Wunder, aber wir wissen, dass es wirkt.

Was Koffein kann ist die eine Sache.

Doch zum „Kaffee trinken" gehört mehr.

Wenn meine Oma zum Kaffeetrinken einlädt, dann ist das mehr als „Tassen voll und Kopf in'n Nacken". Unausgesprochen verbindet sich damit eine Uhrzeit (15 Uhr – und wehe du kommst zu spät!), ein soziales Event und Nahrung in Form von Kuchen. An guten Tagen gibt's im Anschluss auch noch ein Likörchen.

Kaffee trinken ist ein Ritual. Und das kann es für dich auch sein, wenn du nicht an Omas Kaffeetafel sitzt, sondern zu Hause oder im Büro. Das volle Potenzial einer Kaffeepause ist mehr als Druckbetankung mit Koffein – es ist die Pausentaste für dein Gedankenkreisen, die To-do-Liste und die Mails.

Richtiger Kaffee – nicht das Instant-Zeug – fordert Zeit! Er muss eingefüllt werden. Das Wasser muss heiß werden. Es muss sich durch die gemahlenen Bohnen schleichen und ihnen Farbe und Geschmack abtrotzen, bevor es schließlich als Kaffee in deine Tasse tropft. Diese Zeit ist ein Geschenk an dich.

Während ich zu Hause eine Filtermaschine habe, steht in meinem Büro ein kleiner Automat. Wenn ich denke, „jetzt brauche ich einen Kaffee", stehe ich vom Schreibtisch auf und lasse die Maschine aufheizen. Aber während sie heiß wird und mit dem Kaffee anfängt, erledige ich irgendetwas anderes, bringe Kollegen etwas vorbei oder beantworte Mails. Und inzwischen habe ich meinen Kaffee vergessen. So stehe ich dann eine Stunde später wieder vor der Maschine und schaue betreten meinen kalten Kaffee an. Kalter Kaffee – na ja, das ist ja auch nicht Sinn der Sache. Aber das passiert, wenn ich die geschenkte Zeit nicht annehme und auch noch diese zwei Minuten „produktiv" verbringen will.

So muss ich mich manchmal selbst zwingen, mir diese Zeit schenken zu lassen. Denn durch diese „gesparten" zwei Minuten ist eigentlich nichts an meinem Tag effektiver geworden. Im Gegenteil. Regelmäßige Pausen, in denen man etwas ganz anderes macht, steigern sogar die Produktivität in den eigentlichen Arbeitszeiten.

Lass dir also – gerade an Tagen, die voll sind – diese Zeit schenken. Achte auf dich selbst. Gönn dir deinen Kaffee als Zwei-Minuten-Auszeit, als dein kleines, heiliges Ritual zum Aufladen.

Die Meditation kann auch neben der Kaffeemaschine aufgehängt werden.

ERÖFFNUNG

Im Namen des Vaters, des Sohnes und des Heiligen Geistes. Amen.

MEDITATION

Atme mehrmals langsam und tief durch.
Gott, ich bin da.
Ich bin ganz da.
Gib du mir die Ruhe und die Kraft, die ich jetzt brauche.
Du hast die Bohnen in der Ferne wachsen lassen,
jetzt bringen sie die Wärme des Südens zu mir.
Nur aufgebrochen zeigen sie ihr volles Aroma.
Wie auch unser Leben erst durch Brüche und
Druck an Tiefe gewinnt.
Wie das heiße Wasser durch den Kaffee fließt,
so fließt du mit deiner Kraft durch mich.
Mach mich stark und wach für diesen Tag.
Wie der Kaffee langsam die Tasse füllt,
so füllst du mich mit Ruhe.
Mach mich ruhig und schenk mir Kraft.
Ich bin da.
Ganz da.
Gib du mir die Ruhe und die Kraft, die ich jetzt brauche.
Amen.

[VATERUNSER]

SEGEN

Der Herr ist mein Licht und mein Heil;
vor wem sollte ich mich fürchten?
Der Herr ist meines Lebens Kraft;
wovor sollte mir grauen?

PSALM 27, 1 (LUTHER-ÜBERSETZUNG)

8. FEIERABEND!

Wenn du liebst, was du tust, arbeitest du keinen einzigen Tag in deinem Leben", sagt ein Business-Motivationsspruch auf Instagram. Wie vieles in den Social Media ist das ein bisschen wahr und ein bisschen Bullshit.

Denn natürlich ist es so, dass es Berufe gibt, die einem allein schon dadurch, dass man sie ausübt, ganz viel zurückgeben. Wer die meiste Zeit seines Tages „im Flow" verbringt, hat weniger Sehnsucht nach Urlaub und Feierabend als jemand, der schon morgens mit Bauchschmerzen zur Arbeit geht. Aber selbst der liebste Beruf ist auch anstrengend – und manchmal ist das sogar besonders gefährlich, weil man gerade in solchen Berufen schnell vergisst, dass auch Auszeiten wichtig sind. Für dich selbst, aber auch, um deinen Job noch gut machen zu können.

Jesus war sicher jemand, von dem man sagen kann, dass er seinen „Job" mit Begeisterung und „im Flow" ausgeübt hat. Und doch – obwohl er ja auch der Sohn Gottes war – nahm er sich immer wieder Auszeiten. Ging in die Wüste oder auf einen einsamen Berg, um für sich zu sein, um für Gott zu sein. Denn er wusste, dass man nicht nur ist, weil man macht.

Von einem Pfarrer wird die Geschichte erzählt, dass er seinem Kollegen in einer Burnout-Klinik gesagt hat, er nehme nie einen Tag frei, schließlich tue der Teufel das auch nicht. Worauf ihm der Kollege antwortete: „Lieber Bruder, ich glaube du hast die falschen Vorbilder."

Es kann unterschiedliche Gründe haben, wieso du deine Arbeit nicht gut loslassen kannst: Weil du dich für alles verantwortlich fühlst; weil es niemand so gut macht wie du; weil du niemanden enttäuschen willst oder vielleicht auch, weil du schlecht organisiert bist. Manches wirst du nie ganz loswerden, weil es zu deiner Persönlichkeit gehört. Aber ob du im Loslassen besser wirst oder nicht, liegt auch daran, welche Vorbilder du dir nimmst.

In freier Zeit aufzutanken und ohne schlechtes Gewissen Feierabend zu machen, ist nicht nur wichtig für dich selbst, sondern auch, damit du am nächsten Tag wieder gut für oder mit anderen arbeiten kannst. Dazu passt ein anderes Instagram-Zitat ganz gut:

„You can't pour from an empty cup."

Wenn deine Tasse leer ist, kannst du weder selbst daraus trinken, noch anderen etwas ausschenken.

ERÖFFNUNG

Im Namen des Vaters, des Sohnes und des Heiligen Geistes. Amen.

GEBET

Guter Gott,
der Arbeitstag ist vorbei.
Ich habe gegeben, was ich heute geben konnte.
Danke für alles, was mir gut gelungen ist.
Lass mich gnädig mit mir selbst sein, wo nicht alles gut gelaufen ist.
Am Ende ist es auch „nur“ Arbeit.
Lass mich jetzt die Gedanken an die Arbeit loslassen.
Morgen ist ein neuer Tag.
Mit neuen Taten, Chancen und Ideen.
Das Heute aber ist vorbei.
Ich lege alles – das Geschaffte und das Unfertige –
in deine Hände.
Du weißt schon, was damit anzufangen ist.
So gehe ich in Frieden in den Feierabend.
Amen.

oder

Du, mein Gott,
an die Arbeit will ich heute nicht mehr denken.
Es ist gut, dass es vorbei ist.
Es ist gut, dass *du* da bist.
Du verstehst mich.
Ich freue mich auf den Feierabend (und meine Lieben).
Lass diesen Tag schön ausklingen.
Es ist gut, dass *du* da bist.
Du verstehst mich.
Amen.

CANTICUM – NUNC DIMITTIS

Herr, jetzt kann ich in Frieden fahren,
wie du es versprochen hast.
Denn mit eigenen Augen habe ich gesehen:
Von dir kommt die Rettung.
Alle sollen sie sehen –
ein Licht, das für die Völker leuchtet,
und deine Herrlichkeit aufscheinen lässt
über deinem Volk Israel.

NUNC DIMITTIS – NACH LUKAS 2, 29-32

STILLE

Sei einfach da vor Gott. Sprich dich aus oder meditiere.
Was/wer war heute schön? – Wofür bist du dankbar?
Was/wer war heute nicht gut? – Was ärgert dich?
Was sollte besser/anders sein? – Worum bittest du?
Leg es vor Gott.

oder

Was ist dir noch aus der Lesung von heute Morgen
in Erinnerung?
Wie hat sich deine Perspektive darauf über den Tag verändert?
Hast du etwas über dich, deine Nächsten oder Gott gelernt?

VATERUNSER

Vater unser im Himmel,
geheiligt werde dein Name.
Dein Reich komme.
Dein Wille geschehe.
Wie im Himmel so auf Erden.
Unser tägliches Brot gib uns heute,
und vergib uns unsere Schuld,
wie auch wir vergeben unseren Schuldigern.
Und führe uns nicht in Versuchung,
sondern erlöse uns von dem Bösen.
Denn dein ist das Reich,
und die Kraft und die Herrlichkeit,
in Ewigkeit.
Amen.

SEGEN

Vater, du hast selbst die Ärmel hochgekrempelt, als du die Welt geschaffen hast.
Jesus, du hast dein Geld als Zimmermann verdient.
Heiliger Geist, deine Arbeit bleibt oft ungesehen – wie die vieler anderer.
Dreieiniger Gott,
segne meine müden Hände.
Segne meinen leeren Kopf.
Segne mein unruhiges Herz.
Lass sie Ruhe finden heute Abend.
Amen.

9. ANTI-MONSTER-SEGEN

Sie wohnten unter meinem Bett. Und sie hatten große Zähne oder Hörner. Wenn es irgendwo geknackt hat, ließen sie mich lange wie versteinert wach liegen. Das waren die Monster meiner Kindheit. Und was hat gegen sie geholfen?

Mit Papa unterm Bett nachsehen – denn manchmal ist ja gar kein Monster da.

Ein Nachtlicht – denn (das weiß ja jeder!) Monster hassen Licht.

Ein Anti-Monster-Segen, dass Gott dableibt, auch wenn ich schlafe. Oder gleich zu Mama und Papa ins Bett – denn Monster kommen ja bekanntlich erst, wenn man allein ist.

Irgendwann werden wir erwachsen und brauchen kein Nachtlicht mehr. Wir meinen, dann verschwinden die Monster.

Aber so ist es nicht. Sie werden einfach mit uns erwachsen. Sie wohnen dann am Arbeitsplatz, in unserem Social Media Account oder in unseren Beziehungen. Und sie haben nichts von ihrer Macht verloren.

Sie haben Namen wie „Eigentlich kannst du nichts“ oder „Du musst alle umsorgen, sonst liebt dich keiner“. Genau wie früher können sie uns lähmen.

Aber auch die Mittel, mit denen wir sie bekämpfen, sind die gleichen geblieben.

Manchmal ist gar kein Monster da – und du brauchst jemanden, der mit dir nachschaut und das feststellt.

Noch immer hassen sie das Licht und verlieren ihre Macht, wenn du ihre Lügen ans Tageslicht bringst.

Sie kommen immer noch, wenn du allein bist. Dann ist es Zeit, mit Gott zu reden, dass er da bleibt, oder unter Menschen zu gehen.

Unsere Monster werden mit uns erwachsen – aber ihre Macht lässt sich genauso brechen wie früher. Da ist es schön zu wissen, dass es für die Kleinen noch der Anti-Monster-Segen tut. Oder sie kommen eben doch zu dir ins Bett.

Vor dem Segen kannst du noch eine Geschichte vorlesen und gegebenenfalls auch noch einmal unter dem Bett nachschauen, ob keine Monster da sind. Du kannst auch vorher noch mit deinem Kind darüber sprechen, was schön war an diesem Tag und was nicht so schön war. Das könnt ihr noch in einem Gebet aufnehmen. Dann kannst du dich neben das Bett knien. Leg deinem Kind zum Segen die Hand auf oder faltet einfach gemeinsam die Hände.

GEBET

Lieber Gott,
danke für diesen Tag.
Danke, dass heute die Sonne aufgegangen ist,
dass ich zu essen habe
und dass es Menschen gibt, die mich liebhaben.
Heute will ich besonders „danke" sagen für …
[*Hier können du und/oder dein Kind erzählen,
wofür ihr heute dankbar seid.*]

Ich will dir, lieber Gott, auch sagen, was mich heute traurig gemacht hat …
[*Hier können du und/oder dein Kind erzählen,
was euch heute traurig gemacht hat.*]

Lieber Gott,
manchmal hängen die Traurigkeiten an meiner Seele und machen sie schwer.
Komm jetzt und nimm alle großen und kleinen Traurigkeiten in deine Hand, damit ich gut schlafen kann.
Pass du heute Nacht auf uns alle *[ggf. aufzählen]* auf und lass uns morgen früh wieder fröhlich aufwachen.
Amen.

und/oder

Gott lässt am Tag die Sonne scheinen und nachts den Mond,
damit es für dich niemals ganz dunkel wird.
Gott hat dir deine Familie und deine Freunde gegeben,
damit du niemals ganz allein bist.
Gott wacht über dir – damit das Böse keine Macht
über dich hat.
Amen.

oder

Abends, wenn ich schlafen geh,
vierzehn Engel mit mir gehen:
zwei zu meinen Häupten,
zwei zu meinen Füßen,
zwei zu meiner Rechten,
zwei zu meiner Linken,
zwei, die mich decken,
zwei, die mich wecken,
zweie, die mich führen
bis zu den Himmelstüren.

NACH ENGELBERT HUMPERDINCK

Mit älteren Kindern kannst du auch das Vaterunser beten.

10. ABEND-MOMENT

Morgens am Schreibtisch erstelle ich mir jeden Tag meine To-do-Liste. Erst liegt ein leeres gelbes Post-it vor mir. Dann ein ordentlich beschriebenes. Aber manchmal entscheide ich mich schon beim Schreiben um, streiche etwas durch, ergänze etwas zu einem Punkt oder verschiebe etwas mit einem Pfeil nach oben oder unten. Bis zum Abend ist von der leeren gelben Fläche nichts mehr übrig. Manches ist erledigt und stolz mit gerader Linie durchgestrichen, anderes ist nur halb abgeschlossen oder braucht noch ein Feedback von jemand anderem, der nicht zu erreichen war.

Manchmal sieht nicht nur mein gelber Notizzettel so aus, sondern auch meine Seele. Zwischen Erledigtem, Aufgeschobenem, Stolz, stiller Freude, schlechtem Gewissen und Sehnsucht erscheint meine Seele abends manchmal wie ein viel zu voll gekritzeltes Blatt Papier.

Damit ich am nächsten Tag gut arbeiten kann, schreibe ich meine neuen To-dos des neuen Tages wieder auf ein neues leeres Post-it. Wieder ordentlich.

Damit ich das alte, unübersichtliche Gekritzel vom Vortrag nicht mit mir herumschleppe, zerknülle ich die alten Post-its und werfe sie weg.

Was ich am Morgen für meinen Job mache, mach ich abends für meine Seele.

Ich nehme mir meine vollgekritzelte Seele vor und nehme mir Zeit.

Zeit, um mich zu freuen über das, was heute genial war.

Zeit, um darüber nachzudenken, wie mich die Worte aus dem Morgengebet über den Tag begleitet haben – was ich vielleicht erst durch diesen Tag besser an ihnen verstanden habe.

Und Zeit, um mir noch einmal anzuschauen, wo ich schuld war. Das ist eigentlich der schwierigste Teil.

Das alles lege ich vor Gott hin. Für das Geniale, das Schöne und Glückliche sage ich Gott danke und lasse meine Seele noch mal diese Glücksmomente durchatmen. Das Unfertige, das ich morgen noch einmal angehen muss, lege ich Gott in die Hände – er wird es über Nacht bei sich behalten, sodass es mir nicht den Schlaf rauben muss.

Und meine Schuld bekenne ich ganz altmodisch. Ich bitte Gott, dass er sie mir abnimmt und zerknüllt und wegwirft. Und was Gott in seinen Mülleimer geworfen hat, das sollte niemand anderes mehr herausholen. Auch ich nicht.

Und dann – am nächsten Morgen – lege ich einen neuen, leeren gelben Notizzettel auf den Tisch.

Nimm dir einen Moment Zeit. Atme mehrmals tief ein und aus. Zünde die Kerze an.

ERÖFFNUNG

Im Namen des Vaters, des Sohnes und des Heiligen Geistes. Amen.

GEBET

Herr, mein Gott,
ich danke dir, dass du diesen Tag zu Ende gebracht hast.
Ich danke dir, dass du Leib und Seele zur Ruhe kommen lässt.
Deine Hand war über mir und hat mich behütet und bewahrt.
Vergib allen Kleinglauben und alles Unrecht dieses Tages
und hilf, dass ich allen vergebe, die mir Unrecht getan haben.
Lass mich in Frieden unter deinem Schutz schlafen
und bewahre mich vor den Anfechtungen der Finsternis.
Ich befehle dir die Meinen, ich befehle dir dieses Haus,
ich befehle dir meinen Leib und meine Seele.
Gott, dein heiliger Name sei gelobt.
Amen.

DIETRICH BONHOEFFER

oder

Unser Abendgebet steige auf zu dir, Herr,
und es senke sich auf uns herab dein Erbarmen.
Dein ist der Tag, und dein ist die Nacht.
Lass, wenn des Tages Schein vergeht,
das Licht deiner Wahrheit uns leuchten.
Geleite uns zur Ruhe der Nacht
und vollende dein Werk an uns in Ewigkeit.
Amen.

TRADITIONELL

PSALM

Wer unter dem Schutz des Höchsten wohnt,
wer im Schatten des Gewaltigen übernachtet –
der sagt wie ich über den HERRN:
„Meine Zuflucht ist er und meine Burg,
mein Gott, ihm will ich vertrauen!“
Ja, er rettet dich vor dem Netz des Jägers,
vor den Verderben bringenden Pfeilspitzen.
Er breitet seine Schwingen aus über dir.
Unter seinen Flügeln findest du Schutz.
Wie ein Schild schützt dich seine Treue,
wie eine Schutzmauer umgibt sie dich.
Du musst keine Angst mehr haben:
weder vor den Gefahren, die in der Nacht drohen –
noch vor den Pfeilen, die am Tag daherfliegen.
Du brauchst dich nicht zu fürchten:
weder vor der Pest, die sich heimlich ausbreitet –
noch vor den Seuchen, die offen wüten.
Auch wenn Tausende neben dir fallen,
Zehntausende an deiner rechten Seite:
Dich wird das Unglück nicht ereilen.
Vielmehr wirst du mit eigenen Augen hinsehen
und erleben, wie die Frevler bestraft werden.
Ja, du sagst wie ich: „Der HERR ist meine Zuflucht!“
Beim Höchsten hast du ein Versteck gefunden.
Kein Unheil wird über dich hereinbrechen
und kein Schicksalsschlag wird dein Zelt treffen.
Denn er wird seinen Engeln befehlen,
dich zu beschützen, wohin du auch gehst.
Auf ihren Händen sollen sie dich tragen,
damit dein Fuß nicht an einen Stein stößt.
Über Löwen und Kobras wirst du hinwegschreiten.
Junglöwen und Giftschlangen wirst du zertreten.

»Weil er mit Liebe an mir hängt, will ich ihn retten!
Ich beschütze ihn, weil er meinen Namen kennt.
Wenn er mich ruft, antworte ich ihm.
Ich bin für ihn da, wenn ihm Gefahr droht.
Ich reiße ihn heraus und sorge dafür,
dass er wieder zu Ansehen kommt.
Ich werde ihm ein langes Leben schenken.
Meine heilvolle Zukunft soll er sehen.«

PSALM 91 (BASISBIBEL)

und/oder

Und nun, preist alle den HERRN,
die ihr Dienst tut für den HERRN!
Ihr steht im Haus des HERRN
und durchwacht die Nächte.
Erhebt eure Hände zum Heiligtum
und preist den HERRN!
Der HERR segne dich vom Zion her!
Himmel und Erde hat er gemacht.

PSALM 134 (BASISBIBEL)

und/oder der Psalm des Wochentags (Seite 82 ff.)

CANTICUM – MAGNIFIKAT

Ich lobe den Herrn aus tiefstem Herzen.
Alles in mir jubelt vor Freude
über Gott, meinen Retter.

Denn er wendet sich mir zu,
obwohl ich nur seine unbedeutende Dienerin bin.
Von jetzt an werden mich alle Generationen
glückselig preisen.
Denn Gott, der mächtig ist, hat Großes an mir getan.
Sein Name ist heilig.
Er ist barmherzig zu denen, die ihm Ehre erweisen –
von Generation zu Generation.
Er hebt seinen starken Arm
und fegt die Überheblichen hinweg.
Er stürzt die Machthaber vom Thron
und hebt die Unbedeutenden empor.
Er füllt den Hungernden die Hände mit guten Gaben
und schickt die Reichen mit leeren Händen fort.
Er kommt seinem Diener Israel zu Hilfe
und erinnert sich an seine Barmherzigkeit.
So hat er es unseren Vorfahren versprochen:
Abraham und seinen Nachkommen für alle Zeit!

LUKAS 1, 46-55 (BASISBIBEL)

STILLE

Sei einfach da vor Gott. Sprich dich aus oder meditiere.
Was/wer war heute schön? – Wofür bist du dankbar?
Was/wer war heute nicht gut? – Was ärgert dich?
Was sollte besser/anders sein? – Worum bittest du?
Leg es vor Gott.

oder

Was ist dir noch aus der Lesung von heute Morgen in Erinnerung?

Wie hat sich deine Perspektive darauf über den Tag verändert? Hast du etwas über dich, deine Nächsten oder Gott gelernt?

[ENT-SCHULDIGUNG]

An einem einzigen Tag kannst du unglaublich viel erleben. Manchmal tust du auch Dinge, auf die du selbst nicht stolz bist, für die du dich sogar schämst. Ein Schuldbekenntnis und die Bitte um Vergebung können dir helfen, frei zu werden. Sonst können Scham oder ein schlechtes Gewissen dich lange belasten. Manchmal ist das Ergebnis so einer Überlegung auch, dass du dich noch bei jemandem entschuldigst.

Einer von ihnen, ein Schriftgelehrter, wollte Jesus auf die Probe stellen und fragte: „Lehrer, welches Gebot im Gesetz ist das größte?" Jesus antwortete ihm: „‚Du sollst den Herrn, deinen Gott, lieben mit deinem ganzen Herzen, mit deiner ganzen Seele und mit deinem ganzen Willen.' Dies ist das größte und wichtigste Gebot. Aber das zweite Gebot ist genauso wichtig: ‚Liebe deinen Mitmenschen wie dich selbst.' Diese beiden Gebote fassen alles zusammen."

MATTHÄUS 22, 35-49 (BASISBIBEL)

- *Wo war ich heute nur in meiner kleinen Welt gefangen? – Wo habe ich Gott vergessen?*
- *Wo hat sich heute alles nur um mich gedreht? – Wo bin ich meinen Mitmenschen Liebe schuldig geblieben?*
- *Wo habe ich alles für die Sache und die anderen gegeben?*
- *Wo habe ich mir selbst Liebe verweigert?*

Gott, ich bekenne dir, dass ich heute Liebe schuldig geblieben bin.
In Gedanken, Worten und Taten,
in dem, was ich getan, und in dem, was ich unterlassen habe.
Ich bitte um Vergebung.
Allmächtiger Gott,
erbarme dich meiner, vergib mir meine Sünde und führe mich zum ewigen Leben.
Amen.

VATERUNSER

Vater unser im Himmel,
geheiligt werde dein Name.
Dein Reich komme.
Dein Wille geschehe.
Wie im Himmel so auf Erden.
Unser tägliches Brot gib uns heute,
und vergib uns unsere Schuld,
wie auch wir vergeben unseren Schuldigern.
Und führe uns nicht in Versuchung,
sondern erlöse uns von dem Bösen.
Denn dein ist das Reich,
und die Kraft und die Herrlichkeit,
in Ewigkeit.
Amen.

[LIED]

Wer gern singt, kann an dieser Stelle ein passendes Lied singen.

SEGEN

Eine ruhige Nacht und ein seliges Ende schenke uns Gott,
der Allmächtige.

In deine Hände lege ich mich,
du hast mich erlöst, Herr, du treuer Gott.
Bewahre uns, wenn wir wachen;
Behüte uns, wenn wir schlafen;
auf dass wir wachen mit Christus
und ruhen in Frieden.

Es segne und behüte uns
der allmächtige und barmherzige Gott,
Vater, Sohn und Heiliger Geist.
Amen.

TRADITIONELL

11.
GYM-GEBET

„Wow, bist du breit geworden" ist ein Satz, den man beim zehnjährigen Abi-Treffen gern hört. Viel besser als „Wow, bist du alt geworden".
Und so nicke ich verlegen, aber irgendwie finde ich es auch ein bisschen geil. Denn es war ein guter Trainings-Sommer, und es ist ein gutes Gefühl, wenn du dir neue Hemden kaufen musst, weil es an der Brust spannt und nicht am Bauchnabel. Wenn ich zurückdenke, war ich vor zehn Jahren ein ganz schöner Lauch – so kennen mich auf dem Klassentreffen eben die meisten.

Das Gym war ein toller Ausgleich zum vielen Sitzen in der Uni, und ich konnte hingehen, wann ich wollte. Du kannst mit Disziplin in kleinen Schritten erkennbare Fortschritte erzielen, wenn du zum Beispiel zur nächstschwereren Hantel wechselst. Mit der Zeit verändert sich das Körpergefühl, und irgendwann kennst du auch die anderen Leute im Gym, und ihr nickt euch schweigend zu. Es wird ein bisschen ein zweites Zuhause. Ich denke, so ist das mit jeder Sportart. Du wächst in deine Mannschaft hinein oder du grüßt die Jogger, die um die gleiche Zeit wie du unterwegs sind.

Mehr als bei anderen Sportarten ist das Gym aber auch ein Ort für Alpha-Gehabe.

Für Leute, für die dicke Arme die tragenden Säulen ihrer Männlichkeit sind. Ein Alpha – ein deutscher Rapper hat diesem Thema ein ganzes Buch gewidmet – ist ein „Boss", einer mit breiten Schultern, der gern recht hat.

Alpha ist der erste Buchstabe des griechischen Alphabets und wer ist nicht gern die Nummer eins? Wenigstens manchmal. Es ist ja auch nichts gegen breite Schultern zu sagen und ganz ehrlich – wer hat nicht gern recht?

Aber immer Nummer eins, immer im Recht, immer der Starke? Das ist so mega anstrengend … und zu wem gehst du dann, wenn es dir nicht gut geht? Wer darf wissen, dass es für Alpha nicht gereicht hat, sondern nur für Beta.

Das ist nicht nur ein Männer-Ding. Als Frau sollst du Oberweite haben, quasi keine Taille und Hüften wie Kim Kardashian. Du sollst schön sein und stark, aber nicht zu sehr, sondern auch häuslich und charmant. Ein „Alpha-Weibchen" eben. Dieser Alpha-Lifestyle findet sich so oft in Fitnessstudios, weil er eben so körperbetont ist.

Damit drückt er etwas aus, was Evangelischen lange verdächtig war, was aber der Realität entspricht: Das Äußere hat auch eine Wirkung nach innen. Und umgekehrt.

Für mich ist nur die Frage: Was mache ich aus dieser Wechselwirkung? Wie sieht ein „Alpha-Mindset" für Körper und Geist aus?

Mir sind oft gerade die Menschen sympathisch, die Schwächen oder Probleme kennen und zeigen können, entweder in einem langen Deep Talk oder nebenbei mit einem Augenzwinkern. Klar ist es schön, Leute zu kennen, die sexy und erfolgreich sind. Aber so richtig was anfangen kann ich mit denen, die auch wissen, wie es ist, wenn es scheiße läuft. Eine zu glatte Oberfläche bietet keine Anknüpfungspunkte.

Und darüber hinaus weiß jeder, der Sport treibt, dass es nie eine reine Aufwärtsgeschichte gibt. Mal bist du erkältet, mal bist du verletzt und mal ist Lockdown.

Als ich mitten in der Examensvorbereitung wegen einer Sehnenscheidenentzündung keinen Sport mehr machen konnte, war ich richtig schlecht dran. Viel mehr, als man es bei einer öden Sehnenscheidenentzündung erwarten würde, aber plötzlich war ein Teil der Routine und des Ausgleichs weg, auf die ich gebaut hatte – und dann bröckelte mein ganzes emotionales Haus.

Jesus wird in der Bibel als Alpha *und Omega* bezeichnet. Omega ist der letzte Buchstabe im griechischen Alphabet. Schlusslicht, ganz hinten, am Ende.

Jesus kann bei seiner Bergpredigt ganz oben auf dem Podest stehen, aber er kennt eben auch den Abgrund. Die einsamen Zeiten in der Wüste und im Garten Gethsemane und Zeiten, wo du denkst, die ganze Welt wäre gegen dich – vom Leben aufs Kreuz gelegt.

Ich glaube, nur das macht den echten, den ganzen Menschen aus. Alpha und Omega, das ganze wilde, schwere, schöne Leben von A bis Z.

Das ist halt mehr als Nummer eins sein. Sondern sich manchmal auch wie das Letzte fühlen und so verhalten. Leben eben. Alles, was sich zwischen Alpha und Omega abspielt.

Ich glaube, was echt trägt, ist ein Alpha-und-Omega-Mindset. Das dich – im Sport und im Leben – nach vorne und oben pusht. Dass dich aber nicht zum Sklaven einer Alpha-Ideologie macht. Sondern bei dem auch Platz ist für deine Erholungspausen, deine Depression und deine Verletzungen. Leben eben. Alles, was sich zwischen Alpha und Omega abspielt.

Fokus-Gebet vor dem Training zu Hause oder in der Umkleide.

ERÖFFNUNG

Der Herr ist mein Licht und mein Heil, vor wem sollte ich mich fürchten.
Der Herr ist meines Lebens Kraft, vor wem sollte mir grauen.

PSALM 27, 1 (LUTHER-ÜBERSETZUNG)

Im Namen des Vaters, des Sohnes und des Heiligen Geistes.
Amen.

FOKUS-GEBET

Gott, ich mache meinen Körper stark für den Alltag.
Denk an mich und gib mir Kraft.
Gott, so stärke auch meinen Geist für mein Leben.
Denk an mich und gib mir Kraft.
Gott, mach auch meine Seele stark für das ewige Leben.
Denk an mich und gib mir Kraft.
Bau mich auf – zu deiner Ehre.
Amen.

Der Vers aus Richter 16 kann während jeder Ausführung wiederholt werden:
Denk an mich und gib mir Kraft.

RICHTER 16, 28 (LUTHER-ÜBERSETZUNG)

NACH DEM TRAINING

Du hast Israel stark gemacht und den Leviatan,
du hast Jesus stark gemacht und Simson,
danke, dass deine Geschichte mit mir weitergeht
und du mir Kraft gibst.
Amen.

12.
HOLY-WINE-TASTING

Ich stehe vor der Tür der Halle und überlege, was mir wohl auf der anderen Seite begegnen wird. Oktoberfest-Stimmung oder einfach ein riesiger Getränkemarkt? Ich war noch nie auf einer Biermesse – wobei es, um genau zu sein, eine „Braukunst-Messe“ ist.

Drinnen bekomme ich ein Probierglas in die Hand gedrückt, und es geht los. Ich gehe vorbei an den ganzen Craft-Bieren und den Hipstern, die wissend über ihren Probiergläsern sinnieren: „Oh ja, fruchtig-malzig im Abgang“, kann man sie fast denken hören.

Obwohl die Probiergläser ziemlich klein sind, wird meine Stimmung nach jedem Bier besser. Irgendwann biege ich um eine Ecke und auf einmal ist er da – der Heiland.

Also nicht der Heiland selbst, sondern ein Starkbierlikör, den seine Erfinder „Heiland“ getauft haben. Daneben der Spruch: „Jesus würde Heiland trinken.“

Na ja, denke ich mir: Würde er wirklich? Vielleicht ist die Werbung doch etwas zu gewollt.

In dem Moment ist mir das aber egal, es gibt schließlich noch mehr zu probieren.

Erst später fällt mir die Werbung wieder ein, und ich denke dabei an die Geschichte, in der Jesus auf einer Hochzeit in Kana Wasser in Wein verwandelt hat, nachdem dem Hochzeitspaar der Wein ausgegangen war. Das war sein erstes Wunder!

Irgendwie krass. Das Erste, was Jesus am Anfang seiner „Karriere" tut, war keine Heilung, keine Brotvermehrung, nichts Sinnvolles. Er macht Wasser zu Wein. Quasi als antiker Alkoport.

Der einzige Zweck dieses Wunders ist es, dass die Hochzeitsgäste weiterfeiern können.

Wenn Jesus also auf Starkbierlikör stehen würde (und nicht auf Wein oder Gin) würde er ja vielleicht doch „Heiland" trinken.

Denn für einen Wanderprediger hatte er wohl ein ziemlich gutes Gespür für die angenehmen Seiten des Lebens. Während sein Kollege Johannes der Täufer in der Wüste lebt und Heuschrecken und wilden Honig isst – quasi Paleo-Diät, bevor es hip war –, lässt Jesus sich immer gern zum Abendessen einladen, hat gut gegessen und getrunken. Anscheinend so gut, dass seine Gegner über ihn sagen „Was für ein Fresser und Säufer". Er hatte wohl etwas übrig für Leute, die gern feiern.

Davon ist in seinem „Verein" heute nicht viel übriggeblieben. Hätte ich jedes Mal einen Euro bekommen, als ich im Studium auf einer WG-Party gefragt wurde: „Du wirst doch Pfarrer, darfst du überhaupt Alkohol trinken?", dann könnte ich mir von dem Geld sicher einen ziemlich guten Gin leisten. Von Jesus ist vielen nur sein Reden und seine Nächstenliebe in Erinnerung geblieben – und das ist ja auch zentral! Nur Jesus ist mehr.

Er ist immer mehr, und man schafft es nie, ihn auf *eine* Eigenschaft allein festzulegen.

Aber diese Seite hat man komplett ausgeblendet.

Den Leidenden am Kreuz kennt jedes Kind. Aber wer erinnert sich an den Jesus, der der Mittelpunkt jeder Dinnerparty war, und der da sicher kein stilles Wasser getrunken hat?

Ich glaube, man kommt Jesus am nächsten, wenn man diese beiden Seiten nicht auseinanderreißt. Denn ich bin dankbar, dass es diesen Jesus auch gab!

Ein Leben, in dem ich nur tiefsinnige Gedanken haben und immer achtsam und bedacht sein muss – ein Leben mit der Lieblingsfarbe beige –, das wäre, glaube ich, nichts für mich.

Ich brauche es, mich auch mal in einer großen Portion Pommes zu vertiefen oder mit Freunden etwas trinken zu gehen.

Ja, manchmal war die Entscheidung: „Wir trinken schon noch eine Runde, oder!?" die falsche. Nicht nur, weil der Kopf am nächsten Morgen streikte – manchmal tut man dann dumme Sachen, vor denen einen der nüchterne Verstand bewahrt hätte.

Es geht nicht darum, eine christliche Kultur des Komasaufens zu etablieren, aber auch mal etwas zu trinken, ist in der Bibel voll okay.

Da heißt es, dass Gott den Wein gemacht hat, um den Menschen eine Freude zu machen.

Wenn wir beim Abendmahl oder bei der Eucharistie Wein trinken, zeigt das ein bisschen auf den Himmel. Weil Wein etwas Festliches hat, aber auch, weil ein bisschen zu trinken etwas in uns löst. Das „Was denken die anderen nur von mir, wenn …" und das „Es geht bestimmt mega schief, wenn …" wird dann leiser, so wie es im Himmel leiser, ja ganz still werden wird, weil Gott dich sieht und du vor ihm keine Fassade mehr aufbauen musst, um geliebt zu werden.

Du darfst dann so sein, wie du bist.

Ein Schluck Wein oder Gin lässt dich manchmal einen kleinen Vorgeschmack davon spüren, dass Gott auflösen wird, wo du dir selbst im Weg stehst. Und das ist schon ein Grund zu feiern.

ERÖFFNUNG

Schmeckt und seht, wie freundlich der Herr ist.

PSALM 39, 4 (LUTHER-ÜBERSETZUNG)

Im Namen des Vaters, des Sohnes und des Heiligen Geistes.
Amen.

HYMNUS

Gott – aus dem Nichts hast du die Welt ins Leben gelockt.
Aus deinem Wort wird Tag und Nacht,
Land und Meer,
Pflanzen und Tiere.

Jedes Krabbeln und Flattern lobt dich,
jeder Atemzug,
jeder Kuss,
und jede leichte Brise.

Jeder Weinstock lobt dich,
und jeder Tiger,
jeder Sturm,
und jeder Bienenschwarm.

Du hast die Erde ausgebreitet wie ein Tischtuch.
Von allem, was du gemacht hast, leben wir.
Dafür loben wir dich – Halleluja!

und/oder ein Lied

[PSALM]

Ich will den Herrn preisen alle Zeit.
Sein Lob will ich stets in meinem Mund führen.
Mit ganzer Seele will ich den Herrn rühmen.
Die Armen sollen es hören und sich freuen!
Preist mit mir die Größe des Herrn!
Lasst uns gemeinsam seinen Namen ehren!
Alle: Schmeckt und seht, wie freundlich der Herr ist!

Als ich den Herrn suchte, antwortete er mir.
Er befreite mich von allen meinen Ängsten.
Wer auf ihn schaut, strahlt vor Freude.
Niemand wird vor Scham erröten.
Hier ist ein Armer, der um Hilfe rief.
Der Herr hat ihn gehört und aus aller Not befreit.
Alle: Schmeckt und seht, wie freundlich der Herr ist!

Der Engel des Herrn lässt sich nieder bei denen,
die dem Herrn mit Ehrfurcht begegnen.
Er schützt sie von allen Seiten und rettet sie.
Schmeckt und seht, wie freundlich der Herr ist!
Glücklich ist, wer bei ihm Zuflucht sucht.
Verehrt den Herrn, ihr Heiligen!
Denn wer ihn verehrt, dem fehlt es an nichts.
Junge Löwen haben nichts und müssen hungern.
Doch die den Herrn suchen,
haben alles, was sie zum Leben brauchen.
Alle: Schmeckt und seht, wie freundlich der Herr ist!

PSALM 34, 2-11 (BASISBIBEL)

LESUNG

Am dritten Tag fand in Kana in Galiläa eine Hochzeit statt. Auch die Mutter von Jesus nahm daran teil. Jesus und seine Jünger waren ebenfalls zur Hochzeitsfeier eingeladen. Während des Festes ging der Wein aus.
Da sagte die Mutter von Jesus zu ihm: „Sie haben keinen Wein mehr!" Jesus antwortete: „Was willst du von mir, Frau? Meine Stunde ist noch nicht gekommen." Doch seine Mutter sagte zu den Dienern: „Tut alles, was er euch sagt!"
Es gab dort sechs große Wasserkrüge aus Stein. Die Juden benötigten sie, um sich zu reinigen. Jeder Krug fasste etwa 100 Liter. Jesus sagte zu den Dienern: „Füllt die Krüge mit Wasser." Die füllten sie bis zum Rand. Dann sagte er zu ihnen: „Schöpft jetzt etwas heraus und bringt es dem, der für das Festessen verantwortlich ist." Sie brachten es ihm. Als der Mann einen Schluck davon trank, war das Wasser zu Wein geworden. Er wusste natürlich nicht, woher der Wein kam. Aber die Diener, die das Wasser geschöpft hatten, wussten Bescheid. Da rief er den Bräutigam zu sich und sagte zu ihm: „Jeder andere schenkt zuerst den guten Wein aus. Und wenn die Gäste dann betrunken sind, folgt der weniger gute. Du hast den guten Wein bis jetzt zurückgehalten."
Das war das erste Zeichen. Jesus vollbrachte es in Kana in Galiläa. Er offenbarte damit seine Herrlichkeit und seine Jünger glaubten an ihn.

JOHANNES 2, 1-11 (BASISBIBEL)

GEBET

Gott, wir sind hier zusammen, um deine Schöpfung
zu genießen!
Die Vielfalt deiner Welt findet sich im Wein,
in Geschmack und Geruch,
in Frucht, Erde, Säure und Beeren –
die ganze Welt in einem Glas.
Wir danken dir, dass du dein Wein hast wachsen lassen,
damit er unser Herz froh macht.
Und wir bitten dich: Schenk uns locker-leichte Stunden,
und segne unser Essen, Trinken und Lachen.
Lass diese Zeit jetzt ein kleiner Vorgeschmack sein,
darauf, dass wir mal mit dir im himmlischen Jerusalem
am Tisch sitzen,
mit dir lachen, essen und trinken – und uns in deiner Liebe
sonnen.

Wir stoßen an:
Auf Gott und auf das Leben.
Alle: Prost.

Nach der Weinprobe/dem geselligen Abend

Vater,
wir haben deine Schöpfung genossen,
Jesus,
wir haben getan, was du getan hast,
Heiliger Geist,
wir wurden von dir inspiriert.
Danke für alles.
Lass uns gesegnet in diese Nacht gehen.
Amen.

MONTAG

Herr, unser Herrscher,
wie machtvoll ist dein Name auf der ganzen Erde!
Deine Herrlichkeit strahlt über dem Himmel auf!
Dem Geschrei von Kindern und Säuglingen
hast du Macht verliehen über deine Widersacher.
Feinden und Rachgierigen setzt du ein Ende.
Schaue ich hinauf zum Himmel,
staune ich über das Werk deiner Finger.
Betrachte ich den Mond und die Sterne,
die du dort oben befestigt hast, so frage ich:
Was ist der Mensch, dass du an ihn denkst,
das Menschenkind, dass du dich seiner annimmst?
Kaum geringer als Gott –
so hast du den Menschen geschaffen.
Du schmückst ihn mit einer Krone –
so schenkst du ihm Herrlichkeit und Würde.
Die Werke deiner Hände hast du ihm anvertraut.
Alles hast du ihm zu Füßen gelegt:
Schafe, Ziegen und Rinder – alle zusammen,
und dazu die wilden Tiere auf dem Feld,
die Vögel am Himmel und die Fische im Wasser
und was sonst die Meere durchzieht.
Herr, unser Herrscher,
wie machtvoll ist dein Name auf der ganzen Erde!

PSALM 8 (BASISBIBEL)

DIENSTAG

Halleluja.
Lobe den Herrn, meine Seele!
Ich will den Herrn loben mein Leben lang!
Meinem Gott will ich singen, solange ich bin!
Verlasst euch nicht auf Fürsten!
Das sind nur Menschen, die können nicht helfen.
Wenn ihnen der Lebensatem ausgeht,
kehren sie wieder zur Erde zurück.
Dann ist es vorbei mit ihren Plänen.
Glücklich ist, wer den Gott Jakobs zum Helfer hat,
wer seine Hoffnung auf den Herrn setzt,
auf seinen Gott!
Himmel und Erde hat er gemacht,
das Meer und alles, was sich darin bewegt.
Für alle Zeit hält er an seiner Treue fest.
Er verhilft den Unterdrückten zum Recht.
Er gibt den Hungernden zu essen.
Der Herr macht die Gefangenen frei.
Der Herr macht die Blinden sehend.
Der Herr richtet die Niedergeschlagenen auf.
Der Herr liebt die Gerechten.
Der Herr beschützt die Fremden.
Er unterstützt Witwen und Waisen,
aber die Frevler führt er in die Irre.

Der Herr herrscht als König für immer!
Er ist dein Gott, Zion, und bleibt es
von Generation zu Generation!
Halleluja!

PSALM 146 (BASISBIBEL)

MITTWOCH

Lobe den HERRN, meine Seele,
und was in mir ist, seinen heiligen Namen!
Lobe den HERRN, meine Seele,
und vergiss nicht, was er dir Gutes getan hat:
der dir alle deine Sünde vergibt
und heilet alle deine Gebrechen,
der dein Leben vom Verderben erlöst,
der dich krönet mit Gnade und Barmherzigkeit,
der deinen Mund fröhlich macht
und du wieder jung wirst wie ein Adler.
Der HERR schafft Gerechtigkeit und Recht
allen, die Unrecht leiden.
Er hat seine Wege Mose wissen lassen,
die Kinder Israel sein Tun.
Barmherzig und gnädig ist der HERR,
geduldig und von großer Güte.
Er wird nicht für immer hadern
noch ewig zornig bleiben.
Er handelt nicht mit uns nach unsern Sünden
und vergilt uns nicht nach unsrer Missetat.
Denn so hoch der Himmel über der Erde ist,
lässt er seine Gnade walten über denen, die ihn fürchten.
So fern der Morgen ist vom Abend,
lässt er unsre Übertretungen von uns sein.
Der HERR hat seinen Thron im Himmel errichtet,
und sein Reich herrscht über alles.

Lobet den HERRN, ihr seine Engel,
ihr starken Helden, die ihr sein Wort ausführt,
dass man höre auf die Stimme seines Wortes!
Lobet den HERRN, alle seine Heerscharen,
seine Diener, die ihr seinen Willen tut!
Lobet den HERRN, alle seine Werke,
an allen Orten seiner Herrschaft!
Lobe den HERRN, meine Seele!

PSALM 103, 1-12.19-22 (LUTHER-ÜBERSETZUNG)

DONNERSTAG

Halleluja.
Es ist gut, unseren Gott mit Liedern zu preisen.
Schön und wohltuend klingt der Lobgesang:
Der Herr baut Jerusalem wieder auf.
Er bringt die Israeliten wieder heim,
die in fremde Länder zerstreut sind.
Er heilt die gebrochenen Herzen
und verbindet offene Wunden.
Er setzt die Zahl der Sterne fest
und gibt ihnen allen einen Namen.
Groß ist unser Herr, gewaltig ist seine Macht.
Seine Weisheit ist unermesslich.
Der Herr richtet die Unterdrückten auf,
doch die Frevler stößt er zu Boden.
Singt dem Herrn beim Dankopfer ein Lied!
Musiziert für unseren Gott mit der Leier!
Er lässt die Wolken am Himmel aufziehen.
Er bestimmt, wann Regen auf die Erde fällt.
Auf den Bergen lässt er die Wiesen blühen.
Den Tieren gibt er genug zu fressen.
Krächzen die jungen Raben, füttert er sie.
Die Stärke der Schlachtrosse beeindruckt ihn nicht.
Die Muskelkraft der Kämpfer gefällt ihm nicht.
Was dem Herrn gefällt, sind Menschen,
die ihm mit Ehrfurcht begegnen,
die auf seine Güte hoffen.

PSALM 147 (BASISBIBEL)

FREITAG

Der Herr ist mein Hirte.
Mir fehlt es an nichts.
Auf saftig grünen Weiden lässt er mich lagern.
Er leitet mich zu Ruheplätzen am Wasser,
dort erfrischt er meine Seele.
Er führt mich gerecht durchs Leben.
Dafür steht er mit seinem Namen ein.
Und muss ich durch ein finsteres Tal,
fürchte ich kein Unglück.
Denn du bist an meiner Seite!
Dein Stock und dein Stab
schützen und trösten mich.
Du deckst für mich einen Tisch
vor den Augen meiner Feinde.
Du salbst mein Haar mit duftendem Öl
und füllst mir den Becher bis zum Rand.
Nichts als Liebe und Güte begleiten mich
alle Tage meines Lebens.
Mein Platz ist im Haus des Herrn.
Dort möchte ich mein Leben lang sein.

PSALM 23 (BASISBIBEL)

oder

Der Herr ist mein Hirte,
mir wird nichts mangeln.
Er weidet mich auf einer grünen Aue
und führet mich zum frischen Wasser.
Er erquicket meine Seele.
Er führet mich auf rechter Straße um seines Namens willen.
Und ob ich schon wanderte im finstern Tal,
fürchte ich kein Unglück;
denn du bist bei mir,
dein Stecken und Stab trösten mich.
Du bereitest vor mir einen Tisch
im Angesicht meiner Feinde.
Du salbest mein Haupt mit Öl
und schenkest mir voll ein.
Gutes und Barmherzigkeit werden mir folgen mein Leben lang,
und ich werde bleiben im Hause des Herrn immerdar.

PSALM 23 (LUTHER-ÜBERSETZUNG)

SAMSTAG

Herr, wende dich uns wieder zu!
Wie lange willst du noch zornig sein?
Hab Mitleid mit deinen Knechten!
Schenk uns doch schon am Morgen
die ganze Fülle deiner Güte!
So wollen wir jubeln und uns freuen
alle Tage unseres Lebens.
Mach uns so viele Tage wieder froh,
wie du uns zuvor niedergedrückt hast.
Schenk uns so viele gute Jahre,
wie wir zuvor Unglück erfahren haben.
Zeig an deinen Knechten deine Macht
und an ihren Kindern deine Herrlichkeit!
So soll sich an uns erweisen,
wie freundlich der Herr ist, unser Gott!
Lass das Werk unserer Hände gelingen!
Ja, das Werk unserer Hände, lass es gelingen!

AUS PSALM 90 (BASISBIBEL)

SONNTAG

Jauchzet dem Herrn, alle Welt!
Dienet dem Herrn mit Freuden,
kommt vor sein Angesicht mit Frohlocken!
Erkennet, dass der Herr Gott ist!
Er hat uns gemacht und nicht wir selbst
zu seinem Volk und zu Schafen seiner Weide.
Gehet zu seinen Toren ein mit Danken,
zu seinen Vorhöfen mit Loben;
danket ihm, lobet seinen Namen!
Denn der Herr ist freundlich,
und seine Gnade währet ewig
und seine Wahrheit für und für.

PSALM 100 (LUTHER-ÜBERSETZUNG)

DURCH DAS JAHR

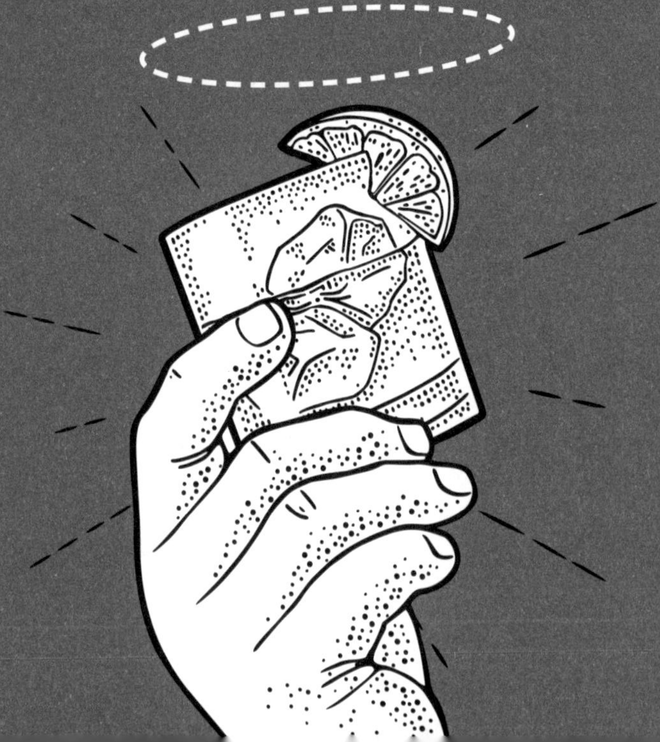

13. GLÜHWEIN-LITURGIE

Eine Freundin schickt mir ein Selfie, darunter die Nachricht: „Wo zum Teufel ist dieser Schwangerschafts-Glow?!"

Man sagt, Schwangere hätten – vielleicht als fairen Ausgleich dafür, dass ihnen manchmal übelst schlecht ist – so ein gewisses Strahlen, einen Glow.

Vielleicht hat das einfach etwas mit einem krassen Hormonhaushaltsumbau zu tun.

Vielleicht ist es aber auch die Ahnung, dass da ein kleines Wunder in ihnen heranwächst. Etwas, das schon milliardenfach passiert ist und trotzdem jedes einzelne Mal ein neues Wunder ist.

Weil jede Mutter an diesem Wunder teilhat, trägt auch jede quasi das leise Leuchten eines Heiligenscheins in sich – den Glow.

Aber nicht so wie bei den Heiligenbildern oder in den Buntglasfenstern: alles voller seliger Verzücktheit. Es ist ein Heiligenschein zwischen Heißhunger, kotzen, Babybauch streicheln und schlechter Haut. Trotzdem ist es irgendwie heilig, was da vor sich geht. Für jede Mutter ist die Schwangerschaft 40 Wochen Advent. 40 Wochen warten auf den Tag, bis sie ihr Kind in den Armen hält oder wie meine Freundin sagen würde: „Bis es endlich raus ist."

Im Kirchenjahr haben wir nur vier Wochen Advent. Vier Wochen schwanger gehen mit Gott – mit Maria zusammen. Warten auf das Kind, so wie Eltern warten. Das Krasse dabei ist, dass Gott nicht so heilig ist, dass er einfach schon fertig vom Himmel fällt. Sauber und sicher an einem strahlend weißen Fallschirm.

Jesus nimmt keine Abkürzung, Gott geht mit Maria schwanger. Mit schlechter Haut, Übelkeit und Senkwehen.

Der Weg Gottes in uns ist ganz ähnlich. Er hat den Hauch des Wunderbaren. Er ist da – in mir, und manchmal kann ich es gar nicht glauben. Nie bin ich so allein, dass er nicht da wäre. Und doch muss ich ihm auch Raum geben, damit er in meinem Leben Platz hat – Maria sagt Ja, bevor alles losgeht.

Dieser Advent Gottes in dir ist keine einfache Strecke. Oft wird er dein Leben tiefer und reicher machen. Manchmal wird es durch ihn auch komplizierter werden, und er wird deine Pläne durcheinanderbringen. Aber am Ende – am Ende wirst du es nicht bereuen.

ERÖFFNUNG

Im Namen des Vaters, des Sohnes und des Heiligen Geistes. Amen.

GEBET

Du bist ein Gott,
der die Stillen Feuer fangen lässt
und die Unscheinbaren zum Leuchten bringt.
Durch die ganze Geschichte hast du Menschen mit deinem Geist berührt,
um die Dunkelheit für andere hell zu machen.
Du hast auch den Wein wachsen lassen,
damit wir Freude und Lichtmomente miteinander teilen,
um die Dezember-Dunkelheit zu durchbrechen.
Danke, dass du uns nicht im Dunkeln stehen lässt.
Amen.

SEGEN

Segne du jetzt unser Zusammensein,
die Minuten und Stunden,
und lass uns das Licht der Freude, die wir teilen,
mitnehmen in unseren Alltag.
Amen.

Glühwein trinken.

14.
TEE-MOMENT

„Stiiiihiiille Naaaaacht, heiligeee Naaacht, aaaalles schlääääft, einsaaaam wacht …“ dudelt es aus den Lautsprechern auf dem Weihnachtsmarkt.
Doch an dieser Nacht ist nichts still.

Heilig scheinen – zumindest den Preisen nach zu urteilen – nur die Filzprodukte und handgeschöpften Seifen zu sein, und der einzige Schlaf, der aufkommt, zeigt sich in den Augen derer, die sich gerade den fünften Glühwein reinstellen.

So sieht es in der Adventszeit in deutschen Innenstädten aus. Das musikalische Programm transportiert Besinnung – alles andere eher Besinnungslosigkeit. Trinken bis zum Rande der Besinnungslosigkeit, besinnungslos durch überfüllte Kaufhäuser hechten und das Einzige, das dabei süßer klingt als sonst, sind die Kassen des Weihnachtsgeschäfts.

Das ist mehr als billige Konsumkritik – das ist ein religiöser Verlust. Es ist ja nicht so, als könnten Christen nicht feiern. Aber das Fest ist eben Weihnachten! Das wird sogar bis Anfang Februar gefeiert. Und der Advent ist die Vorbereitungszeit darauf. Früher war er auch eine Fastenzeit wie vor Ostern, eine Zeit der Konzentration, nicht der Diffusion mit Hilfe von gezuckertem Fusel.

Das gilt nicht nur für die Kirche von früher, sondern besonders auch für Maria. Sie bleibt nüchtern. Macht sich Gedanken, wie es wird mit der Geburt und danach. Und inzwischen ist sie wohl auch körperlich etwas schwerfällig geworden. Unkonzentriert zu sein, kann sie sich jetzt nicht leisten, sie behält einen klaren Kopf und schaut in die Zukunft. Was wird dieses Kind für sie bedeuten? Wie wird es ihr Leben verändern?

Das eigentliche Thema des Advents ist eine Einladung in dieser Zeit, auch mal „die Maria zu machen": dich nicht jeden zweiten Abend auf dem Weihnachtsmarkt wegzulöten, das Handy wegzulegen, Netflix auszulassen, dir in Ruhe einen Tee zu kochen und dir die Fragen von Maria zu stellen.

Was wird dieses Kind für mich bedeuten?

Wie wird es mein Leben im kommenden Jahr verändern?

Du kannst deine Gedanken auch schriftlich festhalten und im nächsten Jahr noch einmal darauf schauen. Eine Inspiration findest du auch in den Texten des nächsten Kapitels.

Schalte alle potenziellen Störungen aus. Zünde die Kerzen an deinem Adventskranz an. Nimm dir Zeit. Halte, wenn du magst, Schreibzeug bereit.

ERÖFFNUNG

Im Namen des Vaters, des Sohnes und des Heiligen Geistes. Amen.

GEBET

Gott,
ich habe Wasser gekocht –
deine Liebe kann kalte Herzen entzünden.
Ich habe Tee aufgegossen –
nichts, was du berührst, bleibt unverändert.
Tee zieht mit Zeit –
schenk mir Geduld und Zeit für Ruhe.

Sei jetzt bei mir.
Durchwirke mich mit deinem Geist,
wie Teeblätter heißes Wasser durchwirken.

Inspirier mich mit Gedanken, die mich nicht unverändert zurücklassen.
Amen.

GEDANKEN TANKEN

Was wird dieses Kind für mich bedeuten?
Wie wird es mein Leben im kommenden Jahr verändern?
Oder denke an ein Thema, das dich gerade bewegt.

[VATERUNSER]

SEGEN

Ewiger Gott,
mach diesen Advent mein Herz warm für meine Mitmenschen.
Berühre mich in erwarteten und unerwarteten Momenten.
Segne mich mit Ruhe und der Haltung der Geduld.
Amen.

15.
KERZEN AM ADVENTSKRANZ ANZÜNDEN – STILLES FEUER

Immer wieder sehe ich, wie Leute von null auf hundert in den Weihnachtsmodus springen. Von der Herbst-Deko gehen sie Ende November gleich zum Weihnachtsprogramm mit Krippe, Baum und „Last Cristmas“. Vom ersten Advent bis zu Heiligabend gibt es gar keine Steigerung.

Manchmal kommt mir die Frage: Haben die auch so Sex? Hose aus, rein, raus, Zigarette danach? Auf etwas wirklich Großes, auf etwas Besonderes, da bereitet man sich doch vor.

Beim Sex nennt man das Vorspiel. Und da heißt es erst einmal: „Erotik ist das, was man nicht sieht“. Küssen, streicheln, durch die Haare fahren, aufknöpfen ist wichtig. Genau wie etwas ins Ohr hauchen, über den Rücken streichen oder – na, du weißt schon. Das alles ist noch Vorspiel. Es ist Vorbereitung für das, was kommt. Für den Höhepunkt.

Der Advent ist das Vorspiel von Weihnachten. Auch da ist es erst einmal das, was man nicht sieht. Noch kein Baum. Noch keine (voll besetzte) Krippe. Wir erarbeiten uns den Weg nach Weihnachten. Kerze für Kerze am Adventskranz nähern wir uns dem Heiligen Abend, wie ein Liebhaber beim Vorspiel mit jedem Kuss über den Hals weiter nach unten wandert.

Ein Vorspiel lebt von Konzentration – du checkst dabei nicht deine WhatsApp-Nachrichten. Wenn du im Kopf eigentlich woanders bist, wird es nicht so gut.

Advent heißt im Moment sein – in Vorbereitung auf den großen Moment.

Wir hauchen Zeilen leise vor uns hin: „Wie soll ich dich empfangen? Und wie begegn' ich dir? Du aller Welt Verlangen, o meiner Seelen Zier."

Advent heißt immer leidenschaftlicher werden für das, was an Weihnachten passiert.

Am Ende heißt es dann: „Siehe, dein König kommt zu dir." Nur das ist dann ganz anders als beim Sex.

Dieser König kommt, um zu bleiben. Und man muss ihm kein Frühstück machen.

Aber vielleicht ähnelt er darin doch einem Menschen, den du liebst: Er trägt sein Licht in die dunkelsten Ecken deines Herzens, wenn du ihn lässt.

„Noch manche Nacht wird fallen
auf Menschenleid und -schuld.
Doch wandert nun mit allen
der Stern der Gotteshuld.
Beglänzt von seinem Lichte,
hält euch kein Dunkel mehr;
von Gottes Angesichte
kam euch die Rettung her."

Schalte alle potenziellen Störungen aus.
Zünde die Kerzen an deinem Adventskranz an.
Nimm dir Zeit.

ERÖFFNUNG

Im Namen des Vaters, des Sohnes und des Heiligen Geistes.
Amen.

[GEBET]

Gott,
ein langes Jahr geht langsam zu Ende.
Ich habe viel gegeben, ich habe viel bekommen.
Lass mich diese Zeit jetzt nicht einfach schnell
hinter mich bringen.
Gib mir Konzentration und Hingabe!
Entzünde dein stilles Feuer in mir.
Für einen Advent voller Leben und Leidenschaft.
Amen.

Anzünden der Kerze(n) am Adventskranz.

ERSTER ADVENT – KOMMEN LASSEN

Siehe dein König kommt zu dir, ein Gerechter und ein Helfer.

SACHARJA 9, 9 (LUTHER-ÜBERSETZUNG)

MEDITATION

Machen, machen, machen.
Tanzen zwischen den eigenen Erwartungen und denen anderer.
Oder ihnen hinterherlaufen,
über sie stolpern?
Weißt du, was du kannst?
Dich einfach mal hinsetzen.
Kommen lassen.
Denn er kommt zu dir.

Was sollte er dir schenken, dem du einfach nicht mehr hinterherlaufen willst?

ZWEITER ADVENT – HINSEHEN

Seht auf und erhebt eure Häupter, weil sich eure Erlösung naht.

LUKAS 21, 28B (LUTHER-ÜBERSETZUNG)

MEDITATION

Insta scrollen, online Überschriften querlesen,
Überblickswissen scannen.
Um nicht in der Überflutung der Reize zu ertrinken,
musst du sicher an der Oberfläche navigieren.
Nur die Tiefe – bleibt auf der Strecke.
Dabei steckt die Wahrheit jedes Menschen in seiner Tiefe,
nicht in der Oberfläche, die er morgens auflegt.
Dabei wohnt die Liebe im Detail,
nicht im Vorbeigehen.

Nimm dir Zeit in eine/jemandes Tiefe zu schauen.

Nimm dir Zeit für ein Detail dieser Woche, in dem du Liebe entdecken willst.

DRITTER ADVENT – ERLEUCHTETWERDEN

Uns wird besuchen das aufscheinende Licht aus der Höhe, auf dass es erscheine denen, die in Finsternis sitzen und im Schatten des Todes.

LUKAS 1, 78–79 (LUTHER-ÜBERSETZUNG)

MEDITATION

Im Dunkeln ist gut munkeln.
Sagt man.
Wenn Kinder aus Decken im Wohnzimmer
eine Höhle bauen.
Wenn du mit 15 auf der Party in der dunklen Ecke knutschst.
Aber in der Finsternis – der bösen Schwester der Dunkelheit – sieht die Welt anders aus.
Sie kann auf dein Herz drücken, wenn du im Dunkeln aus dem Haus gehst und im Dunkeln heimkommst.
Sie kann am hellen Tag nach deiner Seele greifen.
Manchmal sitzt du mitten im Leben – im Schatten des Todes.
Dann klopft es an, das aufscheinende Licht aus der Höhe.

Wo brauchst du dringend Besuch vom aufscheinenden Licht aus der Höhe?
Und wie kannst du es einladen?

VIERTER ADVENT – LEIDENSCHAFT WECKEN

Freut euch … und abermals sage ich: Freut euch! Der Herr ist nahe.

PHILIPPER 4, 4–5 (LUTHER-ÜBERSETZUNG)

MEDITATION

MÖP-MÖP-MÖP
macht der Wecker.
Snooze
mache ich.
MÖP-MÖP-MÖP
macht der Wecker.
Snooze
mache ich.
Er sagt mir, dass ich aufstehen muss,
um den Tag nicht zu verpassen.
Daran erinnert er mich penetrant alle sieben Minuten.
Bis ich mich wecken lasse und aufstehe.

Penetrant ruft dich der Advent:
FREU DICH –

Abermals sage ich:
FREU DICH.
Er sagt dir, dass du dich freuen musst,
um das Leben nicht zu verpassen.
Lass dich wecken!

Wer/was kann dir helfen, jetzt deine Freude zu wecken?

16. KRIPPEN-MEDITATION

Ich war schon auf sehr unterschiedlichen Geburtstagsfeiern. Gefeiert wurde vom Bauhof mit Autowerkstatt bis hin zum Schlossrestaurant mit weißen, gestärkten Tischdecken. Auf Partys in der Schulzeit, die davon gelebt haben, dass die Eltern nicht da waren – aber jederzeit hätten zurückkommen können. Oder auf WG-Partys im Studium, bei denen das Bier in der Badewanne gekühlt wurde.

Ob eine Party gut wird oder nicht, liegt meistens weniger daran, was sie gekostet hat, oder wie aufwendig sie vorbereitet wurde, als vielmehr daran, welche Gäste da sind und welche Stimmung die gerade mitbringen.

Und wie weird der Mix an Gästen ist, sagt einiges über den Gastgeber aus. Mit welchen Leuten gibt er oder sie sich ab? Sind sich alle ähnlich, gleiches Alter, gleicher sozialer Status, gleicher Burberry-Schal. Oder sitzt die klassenkämpfende Alt-68er-Lehrerin neben dem Investmentbanker und die junge Transfrau neben dem Automechaniker? Was ist das für ein Typ, der so unterschiedliche Leute zusammenbringt?

Wenn Gäste etwas über den Gastgeber aussagen, was sagt dann die Krippe über Jesus aus?

Sie steht im Stall – also quasi in einer Garage.

Aber Gäste sind Intellektuelle mit drei Hautfarben. Jeder steht für einen Kontinent – zumindest für die, die man in der Antike kannte. Es ist also ein Ereignis, das die ganze Welt betrifft.

Die Hirten – die unterbezahlten Essenslieferanten und Schlachthofarbeiter von heute – stehen neben den akademischen Overachievern. Eine Gästeliste, die keinen Status kennt.

Und dann schlagen auch noch Engel auf. Mit dieser Geburt wird es nicht „der Himmel auf Erden." Aber auch im Himmel bleiben sie jetzt nicht unter sich, da ist keine geschlossene Gesellschaft. Auch dort gehen die Türen auf – und sie bleiben offen.

Mit dieser Gästeliste ist Weihnachten wirklich die weirdeste Geburtstagsparty ever.

Und das sagt etwas aus über Gott.

Ein Weg, sich Weihnachten anzunähern, kann über die Krippe laufen.

Du kannst zum Beispiel jede Woche eine neue Figurengruppe dazustellen. Dazu kannst du jeweils den Text lesen. Mit den Personen kannst du dich aus unterschiedlichen Perspektiven auf Weihnachten zubewegen, bis schließlich an Heiligabend die Krippe voll ist mit allen Perspektiven, die sich um das Kind in der Krippe versammeln.

HIRTEN

Hirten haben ein Leben nah am Boden.
Ihre Schafe leben vom Gras, sie selbst schlafen auf der Erde.

Die Einfachheit,
die Naturverbundenheit,
das geerdet sein,
das manche von uns beim Wandern und Camping suchen,
haben sie den ganzen Tag.
Was heute unserer Sehnsucht nach Einfachheit und Verbundenheit mit der Natur entspricht – dem Gefühl einer Generation, die so oft „out of touch" ist –
war damals ein Grund zum Herabschauen.
Die Hirten von damals wären heute unsere rumänischen Schlachthofarbeiter.
„Befremdlich", „prekär", „selbst schuld".
Bodennah – aber nicht wie „geerdet",
sondern wie der Bodensatz.

Und da fängt Gott an.
Von unten nach oben.
„Hirten erst, kundgemacht."
Das Fundament seiner Botschaft legt er auf die Erde.
Er baut keine Luftschlösser.
Er geht zu den Hirten.
Sie beglänzt er mit der himmlischen Helligkeit der Engel,
die von ganz oben bis ganz zum Boden reicht:
„Euch ist heute der Heiland geboren."

Nicht immer bist du sozial oder finanziell am Boden.
Manchmal bist du auch mental ganz unten,
vielleicht sogar tiefer als Erdgeschoss,
in Schluchten und Gruben.
Aber auch dorthin kann himmlische Helligkeit strömen.
Manchmal nur ein kleiner Strahl, der sagt:
„Dir ist heute der Heiland geboren."

STERNDEUTER

In einer Zeit, in der die Sterne mehr zu erzählen hatten als die Ausdehnungsgeschwindigkeit des Alls oder das Sternsterben einer Supernova,
als sie noch Seefahrern den Weg gewiesen
und gute und schlechte Zeiten angekündigt haben,
da sind die gefragt, die ihre Sprache verstehen.
Sie sind gefragt, wie heute die Vordenker des Silicon Valley.
Sie sitzen in Türmen und auf Dächern,
den Verstand nach oben offen.

Weil sie hoch über dem kleinteiligen Alltag sind und offen,
können sie erkennen, was Gott vorhat.
Sie haben ein Gespür dafür, wie Gott in die Welt kommen kann.
Dieses Gespür bringt sie in die richtige Richtung – aber am Ende erliegen sie doch der Logik der Welt und suchen Jesus in Palästen.

Du kannst noch so wach und weise sein – Gott überrascht dich immer wieder.
Und so sind sie von ihren Türmen und Dächern heruntergestiegen,
um Gottes Sohn – in Bodennähe – in einem Futtertrog zu finden.

Wann war dein Verstand das letzte Mal frei, nach oben offen?
Nicht gefesselt von Mails, Messenger-Diensten und dem, was auf der Arbeit noch zu tun wäre?
Wann warst du das letzte Mal einfach unter dem Sternenhimmel?

OCHSE UND ESEL

Sie sind die stillen Beobachter in der Weihnachtskrippe.
Ochse und Esel – sie stehen einfach nur da.
Wahrscheinlich muhen oder scharren sie.
Aber sonst scheinen sie nur Statisten dieses heiligen Schauspiels am Rande der römischen Welt zu sein, das heute jedes Jahr in hunderttausenden Kirchen weltweit aufgeführt wird.
Aber es ist doch kein Zufall, dass sie sich heute in jeder Krippe finden und nicht einfach weggelassen werden.

Wenn Gottes Sohn zur Welt kommt, geht das nicht nur Menschen an – sondern auch seine Schöpfung, die Natur.
Ochse und Esel sind die stillen Zeugen der nicht menschlichen Welt.
Einer Welt, die lange nur als Verfügungsmasse der „Krone der Schöpfung" gesehen wurde.
Dass sie hier dabei ist – zeigt wo ihr Platz ist: ganz nah bei Gott.
In Symbiose, im Zusammenleben mit Gottes Menschen.

Ochs und Esel bekommen zu sehen, was vielen Menschen ihrer Zeit verborgen bleibt.
Die Schöpfung hat eine Weisheit, eine Gotteskenntnis, an der wir oft vorbeigehen.

Mit einem Hund spazieren zu gehen, kann anstrengend sein.
Ständig hört oder erschnüffelt er etwas. Unterbricht den Rhythmus deiner Schritte.
Was würdest du wahrnehmen, wenn du mit wachen Sinnen durch deinen Tag gehen würdest?

MARIA

Maria wurden viele Rollen auf den Leib geschrieben.
Die ewig-reine Jungfrau.
Die sorgende Mutter.
Die Himmelskönigin.
Die feministische Freiheitskämpferin.

All diese Rollen haben irgendwo in ihrem Leben einen – großen oder kleinen – Anhaltspunkt.
Aber das Faszinierende an ihr ist für mich, dass sie sich nicht von Rollenbildern und Erwartungen hat festlegen lassen.
Sie ist kein Vorbild in *einer* bestimmten Rolle, sondern in ihrer Haltung der Gottoffenheit.
Sie hatte sicher andere Vorstellungen für ihr Leben, als eine unverheiratete Teenager-Mutter zu sein oder ihr erstes Kind mit 33 am Kreuz sterben zu sehen.
Was sie auszeichnet, ist, dass sie sich von Gott auf Wege für ihr Leben leiten lässt, die nicht ihr oder anderer Leute Plan oder Erwartungen waren.
Diese Offenheit lässt Gott – physisch – in ihr lebendig werden.

Uns werden so viele Rollen zugeschrieben.
Manche haben wir unbewusst seit frühester Kindheit verinnerlicht – andere haben wir uns bewusst ausgesucht.
Aber nicht immer sind sie das, was Gott in uns lebendig werden lässt.
Bist du offen für das, was Gott jenseits deiner bisherigen Rollen und Pläne mit dir vorhaben könnte?

17. JAHRESBILANZ

The past is a place of reference, not a place of residence. The past is a place of learning, not a place of living.“ Das schreibt der Autor Roy T. Bennett. Aus der Vergangenheit kannst du lernen, du kannst auch viel für das eigene Leben daraus erklären, aber du darfst nicht in ihr leben. Sie hat dich geformt – aber darf dir heute nicht mehr deine Form vorgeben.

Es gibt organische Punkte im Leben, an denen viele von uns auf das letzte Jahr zurückblicken. Das sind meistens entweder Geburtstage oder Sylvester, bevor das neue Jahr beginnt.

In der evangelischen Kirche heißt der Gottesdienst an Sylvester „Altjahrsabend“ – als Gegensatz zum Neujahrsmorgen. Das Jahr ist alt geworden, und es geht mit dem „Abend“ zu Ende, bevor ein neues, frisches Jahr anfängt.

Damit wir nicht einfach so von einem Jahr ins andere stolpern, ist es sinnvoll, diesen Übergang bewusst zu begehen. Denn das, was letztes Jahr passiert ist, prägt dich so oder so. Die Frage ist nur, ob es dich unbewusst prägt und auch im kommenden Jahr steuert und formt oder ob du das, was passiert ist, aus dem Unbewussten hervorkramst und dir so die

Möglichkeit gibst, bewusst damit umzugehen, es zu deinem „place of reference“ zu machen, bevor du unbemerkt darin einziehst und es zum „place of residence“ machst.

Du kannst dir dafür bewusst eine Zeit zwischen den Jahren oder am Altjahrsabend freihalten.

ERÖFFNUNG

Im Namen des Vaters, des Sohnes und des Heiligen Geistes. Amen.

GEDANKEN TANKEN

Im Matthäusevangelium wird eine Geschichte erzählt, die auf den ersten Blick ziemlich landwirtschaftlich klingt. Es geht darin um Unkraut und Weizen.

Auf einem Feld wird Weizen gesät. Als der Weizen anfängt zu wachsen, kommt mit ihm zwischendrin auch Unkraut hoch. Anstatt jetzt durchs Feld zu stapfen und das Unkraut auszureißen, lässt der Bauer beides zusammen wachsen. Erst ganz am Schluss will er bei der Ernte entscheiden, was als Unkraut weg kann, und was mit dem Weizen geerntet wird.

Manchmal kann man erst im Rückblick erkennen, was Unkraut ist, was deinem Leben einfach nur Kraft geraubt und dich vom Wachsen abgehalten hat, und was vielleicht gut für dich war, weil es dich in eine andere Richtung gelenkt oder einen anderen Aspekt in dir aufgezeigt hat, selbst wenn du es in dem Moment nicht so sehen konntest.

Was möchtest du Gott hinlegen, weil es dich traurig und wütend gemacht oder enttäuscht hat?
Woran bist du gewachsen?
Wofür hoffst du auf Vergebung?
Wofür bist du Gott dieses Jahr dankbar?
Was nimmst du mit ins neue Jahr und hoffst, dass Gott dich dabei unterstützt?

GEBET

Ewiger Gott,
es heißt: „Alles hat seine Zeit."
Dieses Jahr gab es Momente, an die ich nicht mehr denken will,
und Zeiten, die ich nie vergessen möchte.

Ich konnte aufblühen und hatte Trockenzeiten,
ich habe andere wachsen lassen
und bin von anderen zurückgeschnitten worden.
Dieses ganze Jahr mit
Lachen und Tränen,
Traurigsein und Trost,
Anspannung und Ruhe,
lege ich zurück in deine Hände.
Segne, was war,
und noch mehr:
Segne, was kommt.
Und bleib alle Tage bei mir.

VATERUNSER

Vater unser im Himmel,
geheiligt werde dein Name.
Dein Reich komme.
Dein Wille geschehe.
Wie im Himmel so auf Erden.
Unser tägliches Brot gib uns heute,
und vergib uns unsere Schuld,
wie auch wir vergeben unseren Schuldigern.
Und führe uns nicht in Versuchung,
sondern erlöse uns von dem Bösen.
Denn dein ist das Reich,
und die Kraft und die Herrlichkeit,
in Ewigkeit.
Amen.

SEGEN

Mein Gott,
meine Zeit steht in deinen Händen,
auch im nächsten Jahr.
Das lässt mich ruhig sein,
ruhig sein in dir.
Amen.

18.
SINGLE-GEBET

Es war an einem Montagabend im Supermarkt. Ich habe eingekauft, wollte nach der Arbeit nur kurz abgepacktes Sushi holen und wieder raus.

Ich greife – in Gedanken schon wieder ganz woanders – ins Kühlfach und sehe ein riesiges Herz aus Sushi. Die Valentinstags-Sushi-Sonderedition.

Ich weiß ja nicht, wer seine Liebsten am Valentinstag mit abgepacktem Sushi aus dem Supermarkt überrascht – und ob das drei Tage später am eigentlichen Valentinstag noch für die richtige Sorte Bauchkribbeln sorgt, aber anscheinend war das die Marketingidee dahinter. Überhaupt war der ganze Supermarkt voller Valentinstags-Marketing.

Die Bäckereiabteilung hatte herzförmige Krapfen mit rosa Zuckerguss und bunten Streuseln drauf. Legendär ist ja inzwischen der Supermarkt geworden, der unter der Überschrift „Valentinstag ist der beste Tag, einem liebevollen Menschen zu sagen, wie gern man ihn hat", ein Kilogramm Mett für 2,99 Euro beworben hat.

Und natürlich nicht zu vergessen, gab es überall Blumen, Blumen, Blumen …

Als ich an diesem Montagabend aus dem Supermarkt komme, kann ich nur daran denken, wie furchtbar dieser ganze Valentinskitsch ist.

Wessen Liebe sieht schon so rosa aus?

Und Valentin selbst – dessen Namenstag am 14. Februar gefeiert wird – hatte schließlich auch ein wenig rosarotes Martyrium, als ihm der Schädel eingeschlagen wurde.

Vielleicht ist diese Kommerz-Kritik zu billig, wahrscheinlich sogar. Wir feiern ja auch Weihnachten und hören nicht damit auf, obwohl so viel Kommerz damit verbunden ist. Sondern wir unterstreichen, dass dieses Fest einen unaufhebbaren Kern hat: Gott lässt die Welt nicht links liegen, sondern wird ein Teil von ihr. Und so einen unaufhebbaren Kern hat für mich auch der Valentinstag.

Nicht als der eine Tag im Jahr, an dem Paare liebevoll zu ihrer besseren Hälfte sind und man sich gegenseitig Blumen von der Tanke oder Sushi-Herzen kauft. Sondern weil es um etwas anderes geht.

Bei meinem ersten Traugespräch als Pfarrer hat mir das junge verliebte Paar gesagt:

„Wir wollen auf unsere Liebe aufpassen."

Darum geht es, glaube ich, am Valentinstag. Auf die Liebe aufzupassen, die dich in deinem Leben umgibt. Auch, wenn du Single bist.

Wir alle sind in unserem Leben von einem Netz aus Liebe umgeben. Von Freundinnen und Freunden, Geschwistern, manchmal auch Arbeitskollegen. Dieses Netz hebt uns hoch zu den Highlights unseres Lebens und es hält uns, wenn wir stolpern und fallen.

Neben all den roten Rosen, den Pralinen und den „Kuschelwochenenden" für Paare in Wellnesshotels wird schnell vergessen, was für eine wichtige Rolle die anderen Fäden im Liebesnetz haben, das unser Leben trägt.

Vielleicht, weil man aus Freundschaft nicht so viel Profit schlagen kann. Aber auch auf diese Liebe muss man aufpassen, man muss sie pflegen und man darf sie ruhig auch feiern!

Die Liebe – auch die nicht-romantische! – ist mehr als eine biochemische Reaktion. Sie ist ein Geschenk von Gott, der uns zuerst geliebt hat. Der Valentinstag ist für mich ein guter Tag, um mich daran zu erinnern, auf unsere Liebe(n) aufzupassen und sie zu feiern.

Hier gibt es drei Gebete, je nachdem, ob du am Valentinstag allein bist, dir eine Beziehung wünschst oder du ihn mit Freunden feierst.

GEBET – DANKE FÜR LIEBE MENSCHEN IN MEINEM LEBEN

Mein Gott,
du hast mir so viel Liebe in meinem Leben geschenkt.
Du hast Menschen um mich herumgestellt,
die mit mir leiden und sich mit mir freuen;
die da sind, wenn ich sie brauche.
Ich danke dir für jeden dieser Menschen.
Lass uns auf die Liebe, die wir füreinander haben, aufpassen.
Und pass du auf uns auf – mit deiner Liebe und deinem Segen.
Amen.

GEBET – DANKE FÜR UNSERE FREUNDSCHAFT

Unser Gott,
danke für unsere Freundschaft,
dass du unsere Leben zusammengestupst hast,
und dass wir seitdem zusammen laufen, stolpern
und Pausen machen.
Liebe teilen und Liebeskummer.
Auf Erfolge anstoßen und Niederlagen gemeinsam
verkraften.
Miteinander reden und miteinander schweigen.
Lass uns auch in Zukunft zusammenbleiben,
und segne unsere Freundschaft dieses Jahr –
und in allen, die noch kommen.
Amen.

GEBET – ICH WILL NICHT MEHR EINSAM SEIN

Mein Gott,
viele Menschen sind um mich herum –
liebe Menschen, schwierige Menschen,
manche gehen mir auf die Nerven, andere bringen mich zum
Lachen.
Und doch fehlt mir ein Mensch, den ich noch gar nicht kenne.
Einer zum Lieben,
einer zum Streiten,
einer für Sex,
einer zum Kuscheln,

einer, dem ich nachts meine Gedanken sage,
und der mir morgens Kaffee ans Bett bringt.
Ich hab so viel zu geben und will das nicht für mich behalten.
Ich bin dankbar für Freunde und Familie,
aber diesen einen Menschen würde ich mir noch wünschen.
Du hast mich bisher geleitet.
Du weißt den Weg für mich.
Segne mein Lachen mit Freunden
und die Stunden, in denen ich einsam bin.
Du weißt den Weg für mich.
Leite mich auf diesem Weg.
Amen.

19. CANDLE-LIGHT-GEBET FÜR PAARE

Meine Großeltern hatten immer ihre lokale Tageszeitung abonniert. Kleine Schrift, kleine Bilder. Nur am Sonntag kam eine deutschlandweit erscheinende Zeitung. Große Schrift, große Bilder.

Und darin gab es immer – oft neben dem Foto einer barbusigen Frau, die wie selbstverständlich ihr Auto wusch – einen kleinen Comic mit zwei kleinen Figuren, immer unter der Überschrift: „Liebe ist …" Er war mal mehr, mal weniger tiefgehend (wahrscheinlich eher weniger).

Wann, wenn nicht heute kann man – ganz ohne diese Zeitung – fragen:

Was ist Liebe?

Liebe ist … nebeneinander aufzuwachen – nicht nur ausgeschlafen am Wochenende, sondern auch müde und muffelig von Montag bis Freitag.

Liebe ist … wenn dir jemand Kaffee ans Bett bringt.
Liebe ist … Schneespaziergänge im Winter.
Liebe ist … gemeinsam im Stau zu stehen und endlich Zeit zum Reden zu haben.
Liebe ist aber auch – nicht miteinander reden zu müssen, sondern einfach mal zusammen schweigen zu können.
Liebe ist … wenn du über die Schuhe stolperst, die jemand unaufgeräumt im Flur hat liegen lassen; Liebe ist aber auch, wenn du in die Küche kommst und derjenige dein Lieblingsessen gekocht hat.
Liebe ist … der Moment, in dem du denkst: Was würde ich nur ohne dich machen?
Liebe ist auch … unheimlich kompliziert, und sie kann dir das Herz brechen.
Das alles ist Liebe.

Am Valentinstag kann man sich in vielen Kirchen als Paar segnen lassen.

Aber was ist Segen?

Vielleicht wäre es mal eine Idee für eine Kirchenzeitung: Neben dem Foto einer Küsterin im Rollkragenpulli, die wie selbstverständlich einen Kelch poliert, einen Comic abzudrucken: „Segen ist …"

Ich glaube, Segen ist Liebe, die vom Himmel fließt.

Segen ist Zeit haben und da sein.

Segen ist, wenn Gott zwei Seelen, die unterschiedlich klingen, zusammen eine Symphonie spielen lässt.

Schokolade ist Segen und ein kühles Bier im August.

Segen ist nicht das, was ich mir wünsche, sondern das, was Gottes Fantasie für mich bastelt. Segen ist das, was das Herz, das die Liebe gebrochen hat, wieder fein säuberlich verbindet.

Segen kann ein Wort sein. Und das, wofür es keine Worte gibt.

Ein langer gemeinsamer Weg kann ein Segen sein. Aber genauso: ein neuer Anfang.

Segen ist mehr als „Glück gehabt". Glück ist ein Moment – Segen ist das, was trägt.

Es ist wie verliebt sein und lieben. Wenn du verliebt bist, ist alles aufregend, mit Schmetterlingen im Bauch, und irgendwann nach Jahren wünschst du dich vielleicht dahin zurück. Aber wenn du verliebt bist, dann bist auch nicht ganz du selbst und verstellst dich immer ein bisschen, weil du noch diese Unsicherheit hast, ob der andere dich wirklich gut findet! Und du hast auch Angst, dass er oder sie mal dahinterkommt, dass du eigentlich gar nicht so interessant bist! Und, dass er oder sie dich vielleicht verlässt.

Die Liebe ist die alltägliche Form des Verliebtseins.

Sie trägt, weil du weißt, dass sie nicht durch die Anpassung an Erwartungen bewiesen werden muss.

So trägt auch der Segen. Weil er nämlich mehr als ein Glücksmoment ist, bei dem du Angst hast, er könnte vorbeigehen.

Er kommt, und er bleibt. So wie die Liebe kommt und bleibt. Denn Segen ist Liebe, die vom Himmel fließt.

Ihr könnt das Gebet als kleine Liturgie mit Eröffnung und Lesung feiern oder einfach das Gebet am Ende zusammen beten.

ERÖFFNUNG

Im Namen des Vaters, des Sohnes und des Heiligen Geistes. Amen.

LESUNG

Du hast mir das Herz gestohlen, meine Liebe, du hast mir das Herz gestohlen mit einem einzigen Blick deiner Augen. Sag, birgt der Schmuck an deinem Hals einen Liebeszauber?
Wie schön ist deine Liebe! Deine Liebe ist süßer als jeder Wein und du duftest lieblicher als alle Balsamdüfte. Wie Honig ist dein Mund, mein Schatz, wenn du mich küsst …
Ich gehöre meinem Geliebten und ihn verlangt nach mir.
Lege mich wie ein Siegel auf dein Herz - wie ein Siegel auf deinen Arm.
Denn Liebe ist stark wie der Tod und Leidenschaft unwiderstehlich wie das Totenreich.
Ihre Glut ist feurig und eine Flamme des HERRN, sodass auch Sturmfluten die Liebe nicht auslöschen und Ströme sie nicht ertränken können.
Wenn einer alles, was er hat, für die Liebe geben wollte, so könnte das alles nicht genügen.

NACH HOHELIED SALOMOS (KAPITEL 4 UND 8)

GEBET

Heiliger Gott,
am Anfang der Zeit hast du die Welt ins Leben geliebt,
Jesus hat uns das Lieben vorgelebt,
und dein Heiliger Geist lässt es in den Herzen deiner Menschen knistern.

Du hast die Liebe vom Himmel geworfen
und uns [_________ und _________] ins Herz getroffen.
Danke dafür.

Danke, dass wir uns gefunden haben.
Dass wir unser Leben reicher machen.

Erhalt uns in dieser Liebe.
Schenk uns auch für die Zukunft …

–

–

–

Durch deine Gnade.
Amen.

Im Anschluss an das Gebet könnt ihr noch einmal beim Essen oder beim Wein auf die besonders schönen Zeiten eurer Beziehung zurückschauen.

20. IMPULS ZUM JOGGEN

Ja, und dann können Sie online einsehen, ob Ihnen die Auswahl passt, bevor wir es Ihnen schicken", sagt die freundliche Stimme vom Onlineshop. Das klingt total effektiv und einfach. Aber mein erster Gedanke ist: „O Gott, der Onlineshop. Dafür weißt du doch hundertprozentig dein Passwort nicht mehr." Und dann sage ich ihr, dass mein Leben gerade zu kompliziert ist, um jetzt noch ein Passwort zu suchen und dass sie's einfach schicken soll.

Manchmal habe ich das Gefühl, dass in meinem Leben alles so auf Kante genäht ist, dass ich die Rechnung erst bei der „Zahlungserinnerung" überweise oder auf Mails erst nach zwei, drei Wochen antworte. Ich weiß gar nicht, wie Leute mit Kindern das machen. Da muss sich die Komplexität doch pro Kind verdoppeln.

Da kann ich die Frage schon verstehen, die mir jemand auf Insta stellt:

Mein Leben ist doch schon kompliziert genug, soll ich jetzt auch noch fasten?

Ja, wenn man Fasten als weiteren Punkt auf der To-do-Liste verstehen würde, dann wäre das auch so.

Aber ich glaube, Fasten ist nicht als noch eine Pflicht gedacht, sondern es ist die Infragestellung all deiner To-dos.

Warum mache ich den ganzen Tag, was ich den ganzen Tag mache?

Tue ich es für mich? Für andere? Für die Chefin? Für Gott?

„Kehre um und glaube an das Evangelium“ wird uns gesagt, wenn uns am Aschermittwoch das Kreuz aus Asche auf die Stirn gezeichnet wird. Die Fastenzeit bedeutet, uns sieben Wochen lang die Chance zu geben, unsere Prioritäten zu überprüfen.

Und wo die Lage der Dinge dieser Überprüfung nicht standhält – umzukehren.

Für manche ist die Fastenzeit die Gelegenheit, ihre Vorsätze, die sie sich zu Neujahr vorgenommen haben und mit denen sie gescheitert sind, noch einmal zu versuchen. Darauf zielt das hier nicht ab. Es ist eher der Versuch, diese sieben Wochen mental bewusst bzw. spirituell zu nutzen.

Joggen bzw. Bewegung ist dafür eine gute Unterstützung.

Wenn du also ab und zu oder regelmäßig joggst, kannst du diese Impulse beim Laufen mitnehmen. Wenn du sonst nie joggst, solltest du vielleicht nicht unbedingt mit Joggen **plus** *Impuls anfangen, weil zu Beginn viel Aufmerksamkeit allein auf dem Durchhalten liegen wird. Du kannst dir aber zum Beispiel vornehmen, einmal die Woche bewusst eine Stunde mit den Impulsen spazieren zu gehen.*

Lies dir den Text vor dem Joggen oder Spazieren in Ruhe durch.
Markiere gegebenenfalls Worte, die dich besonders ansprechen.
Wo bleibst du hängen? Was löst das in dir aus?
Nimm das mit ins Laufen/Spazieren.
Die Impulsfragen können eine Hilfe sein.

Wenn du magst, kannst du ein Gebet sprechen und Gott bitten, dass er dir durch das Reflektieren etwas zu deinen Fragen/Themen erschließen soll.

Du solltest dabei keine oder nur sehr ruhige Konzentrationsmusik hören.

Nach dem Laufen/Spaziergang kannst du dir zu deinen Gedanken Notizen machen.

WOCHE 1: ASCHERMITTWOCH

Wir ziehen jetzt nach Jerusalem. Dort wird alles in Erfüllung gehen, was die Propheten über den Menschensohn geschrieben haben.

LUKAS 18, 31 (BASISBIBEL)

IMPULSFRAGEN:

- *Wohin zieht es dich im Leben?*
- *Und was sind die Gründe, warum du bisher vermieden hast, diesem Zug nachzugehen?*

WOCHE 2

Der Sohn Gottes ist gerade deshalb gekommen, um die Werke des Teufels zu zerstören.

1. JOHANNES 3, 8 (BASISBIBEL)

IMPULSFRAGEN:

- *Was ist in deinem Leben teuflisch bzw. was behindert dein Leben?*
- *Welche Ressourcen bietet dir dein Glaube, um das anzugehen?*

WOCHE 3

Wie schön! Der Freudenbote kommt über die Berge gelaufen! Er bringt eine gute Nachricht und verkündet Frieden und Rettung.
Er ruft Zion zu: »Dein Gott herrscht als König.«

JESAJA 52, 7 (BASISBIBEL)

IMPULSFRAGEN:

- *Angenommen, vor deiner Tür taucht ein Freudenbote auf. Über welche Nachricht könntest du dich so richtig freuen?*
- *Was kannst du tun, um diese Botschaft wirklicher werden zu lassen?*

WOCHE 4

Aber Gott beweist seine Liebe zu uns dadurch, dass Christus für uns gestorben ist. Damals waren wir noch Sünder.

RÖMER 5, 8 (BASISBIBEL)

IMPULSFRAGEN:

- *Was bedeutet das Leben und Sterben von Jesus für dein Leben?*
- *Was bedeutet „Sünde" in deinem Leben?*

WOCHE 5

Wer die Hand an den Pflug legt und zurückschaut, der eignet sich nicht für das Reich Gottes.

LUKAS 9, 62 (BASISBIBEL)

IMPULSFRAGE:

- *Welche Teile deiner Vergangenheit sind mehr als deine Geschichte, sondern nehmen in deinem Leben so viel Raum ein, dass sie dich daran hindern, im Leben weiterzugehen?*

WOCHE 6

Das Weizenkorn muss in die Erde fallen und sterben, sonst bleibt es allein. Wenn es aber stirbt, bringt es viel Frucht.

JOHANNES 12, 24 (BASISBIBEL)

IMPULSFRAGE:

- *Welche Beziehung/Eigenschaft/Mentalität in deinem Leben müsste „sterben“, damit dein Leben fruchtbarer werden kann?*

WOCHE 7

Der Menschensohn ist nicht gekommen, um sich dienen zu lassen.
Im Gegenteil: Er ist gekommen, um anderen zu dienen und sein Leben hinzugeben als Lösegeld für viele Menschen.

MATTHÄUS 20, 28 (BASISBIBEL)

IMPULSFRAGEN:

- *Womit kann dir Gott/Jesus einen Dienst erweisen?*
- *Was hält dich zurück, das von ihm zu erbitten?*

21. GIN-TONIC-AGAPE

Jeder kennt die großen Feste im Jahr. Die Party am Geburtstag. Die Familie, die an Weihnachten zusammenkommt. Das kann anstrengend sein – aber meistens freue ich mich doch, alle wiederzusehen.

Manchmal nehmen solche Feste aber auch eine plötzliche Wendung. Jemand sagt etwas, und auf einmal ist die Atmosphäre im Raum zum Zerreißen gespannt. Die Stimmung droht zu kippen. Es verkrampft sich etwas im Magen. Manchmal können die Gäste mit vereinten Kräften noch die Kurve kriegen. Und manchmal eskaliert es. Jemand verlässt die Feier – jemand anderes sitzt weinend im Bad. Von der Partystimmung ist nichts mehr übrig.

Jesus selbst ahnt am Gründonnerstag, welchen Weg er die nächsten Tage gehen wird. Aber für seine Freunde muss es eine Stimmungsachterbahn gewesen sein, bei der die Bremsen versagen. Wie, wenn die Partystimmung plötzlich crasht.

Stimmungsachterbahn bieten nicht nur Partys oder der Gründonnerstag. Es ist vielleicht einfach das Leben selbst zwischen Trennungen und Job, Erfolgen, Verliebtsein und Langeweile.

Wenn unser Leben gerade ein Londrink wäre, dann wäre es kein hart putschender Cuba Libre, kein immer süßer Mai Tai, sondern ein bittersüßer Gin Tonic. Für die guten und die bitteren Momente.

Er ist ein Drink wie das Leben, in dem ich einerseits total erfolgreich sein und mir andererseits leidtun kann, weil ich Single oder in einer nicht besonders aufregenden Beziehung bin.

Tonic Water – bittersüß.

Manche können alles, was ihnen im Leben begegnet, mit einem sanften Lächeln nehmen – auch das, was ihnen auf die Füße fällt. Das gibt ihrem Lebens-Longdrink einen milderen Beigeschmack, so wie die Gurke dem Gin Tonic. Andere nehmen sich vieles zu Herzen und müssen aufpassen, nicht zu bitter zu werden, wie die Limette, die manche in ihren Gin Tonic nehmen.

Von allen Leuten bei der Gründonnerstagsparty lastet am meisten auf Jesus. Noch einmal will er alle sehen – aber nur zum Abschied – bittersüß.

Manche werden sich für ihn noch einsetzen. Das ist ein milder Trost, aber den bitteren Weg muss er allein gehen, am Ende ist er von allen verlassen und sie reichen ihm am Kreuz den sauren Schwamm.

Aber niemand trinkt seinen Drink nur mit Tonic und Gurke oder Limette. Das Wichtigste fehlt. Das Spirituelle. Der Geist. Der Gin.

Jesus geht seinen Weg in die Nacht mit dem Geist Gottes. Er bleibt immer mit ihm im Gespräch. In der Dunkelheit, als alle schlafen. Getragen davon trotzt er dem Hohepriester und

Pilatus. Und auch in der Mittagshitze, ans Kreuz genagelt, redet er noch mit dem Geist.

Bis zum Schluss.

Die Verbindung zum Geist Gottes, das „im Geist stehen“, ist das Rezept für Jesu Leben, von der Geburt über die Taufe und die Zeit als Public Speaker bis zu der Nacht des Verrats und seinem Ende am Kreuz.

Unser Leben ist nicht vergleichbar und doch nicht völlig anders. An manchen Tagen bricht die Begeisterung aus mir heraus. An anderen freue ich mich schon, wenn ich mich in die Dusche geschleppt habe. Und ich merke selbst: Wenn ich meine geistliche Grundlage nicht vergesse, wenn ich nach oben verbunden bleibe, dann macht mich das resilienter. Ich habe dann nicht weniger Probleme – hatte Jesus ja auch nicht! – aber ich gehe anders mit ihnen um. Wenn die Angst und der Frust zum Fenster hereinkommen, kann ich sie schneller durch die Tür wieder herausschicken. Denn hier bei mir ist der Geist Gottes zu Hause. „Sucht ihr euch ’nen anderen Platz.“

So ist es mit dem Leben wie mit einem guten Gin Tonic. Du darfst die geistliche Grundlage nicht vergessen. Dann sind das Bittersüße und das Saure leichter zu ertragen.

Eine Agape ist ein christliches Liebes-Essen in Erinnerung an Jesus, sein Leben in Liebe und seine ganzen Dinnerparties mit Freunden und Fremden. Die Erinnerung an Jesus und die Gemeinschaft untereinander stehen im Mittelpunkt. Die Agape ist kein Sakrament, jeder kann mitmachen und man kann sie auch digital, zum Beispiel via Skype oder Zoom, feiern.

Warum Gin Tonic und nicht Brot und Wein? Jesus hat an unterschiedlichsten Tischen mit mehr als nur Brot und Wein gefeiert. Das Anknüpfen an dieses Essen ist also nicht an bestimmte Gerichte und Getränke gebunden. Im Gegenteil, es ist vielleicht gerade clever, nicht Brot und Wein zu nehmen, denn die Agape soll ja kein Ersatz-Abendmahl sein.

- *Für die Feier sind nötig: Brot, Gin, Tonic ggf. auch Limette oder Gurke. Nach Möglichkeit auch Kerzen, Blumen, Dips oder ähnliches. Macht es euch schön.*
- *Es ist sinnvoll, die Sprech- und Leseteile vorher aufzuteilen.*

ANKOMMEN

Bevor es losgeht können sich die Teilnehmenden kurz vorstellen, falls sich nicht schon alle kennen, und erzählen, wie ihre heilige Woche bisher war.

ERÖFFNUNG

Im Namen des Vaters, des Sohnes und des Heiligen Geistes. Amen.

FREIE BEGRÜßUNG ODER FOLGENDE EINSTIMMUNG

Wir treffen uns an einem geschichtsträchtigen Abend. An dem Abend, der Geschichte schrieb, weil Jesus sein letztes Abendessen gefeiert hat, das für uns zum ersten Abendmahl geworden ist.

Die Jünger fragten ihn an diesem Tag: Herr, wo sollen wir das Passamahl bereiten? Und manche von uns werden sich gefragt haben: Wo sollen wir dieses Jahr Gründonnerstag feiern? Die Jünger haben ein „Obergemach“ gefunden, um sich zu versammeln. Wir kommen heute hier [im digitalen Raum] zusammen. Wenn wir jetzt miteinander feiern, erinnern wir uns an diesen letzten Abend Jesu mit seinen Jüngern im Obergemach.

[GEBET]

Himmlischer Vater,
wir sind an diesem Abend zusammengekommen,
um uns an das letzte Mahl deines Sohnes Jesus zu erinnern.
Zu allen Zeiten hast du deine Menschen zusammengebracht.
Du verbindest jetzt auch uns, wenn wir [an unterschiedlichen Orten] vereint durch deinen Namen miteinander feiern.
Sei in unserer Mitte.
Sei du unsere Brücke.
Zueinander.
Und zu dem denkwürdigen Abend vor so langer Zeit.
In Jesu Namen, Amen.

[LIED]

ANHÖREN

PSALM

[Jesus und die Menschen vor ihm haben seit ewigen Zeiten mit Psalmen Gott gelobt, wenn es ihnen gut ging. Ihn angeklagt, wenn es ihnen schlecht ging. Und ihn um Hilfe gebeten, wenn sie Angst hatten. Wenn wir heute die uralten Worte beten, stehen wir in Gemeinschaft mit Jesus und den Menschen vor und nach ihm:]

Feste hat er bestimmt, die an seine Wunder erinnern.
Ich will dem Herrn von ganzem Herzen danken
im Kreis der Aufrechten und seiner Gemeinde.
Groß sind die Taten des Herrn.
Alle, die sie lieben, erkunden sie gern.
Feste hat er bestimmt, die an seine Wunder erinnern.
Pracht und Schönheit umgeben sein Tun,
und seine Gerechtigkeit steht fest für immer.
Feste hat er bestimmt, die an seine Wunder erinnern.
Reich an Gnade und Barmherzigkeit ist der Herr.
Die ihn verehren, hat er mit Essen versorgt.
Feste hat er bestimmt, die an seine Wunder erinnern.
Für alle Zeit denkt er an seinen Bund.
Seinem Volk bewies er die Kraft seiner Taten.
Er gab ihnen Land aus dem Besitz der Völker.
Was seine Hände tun, ist zuverlässig und gerecht.
Auf alle seine Gebote kann man bauen.

Sie bleiben für immer und ewig,
zuverlässig und ehrlich werden sie befolgt.
Feste hat er bestimmt, die an seine Wunder erinnern.
Er hat für die Befreiung seines Volkes gesorgt
und seinen Bund für immer festgesetzt.
Sein Name ist heilig und zu fürchten,
Weisheit beginnt mit Ehrfurcht vor dem Herrn.
Rechte Einsicht gewinnen alle, die sich daran halten.
Das Lob seiner Taten bleibt für immer bestehen.
Feste hat er bestimmt, die an seine Wunder erinnern.

Ehre sei dem Vater und dem Sohn und dem Heiligen Geist,
wie im Anfang so auch jetzt und alle Zeit – in Ewigkeit. Amen.

PSALM 111 (BASISBIBEL)

LESUNG

[aus dem Evangelium nach Matthäus, Kapitel 26.
Tauchen wir ein in die letzte Nacht Jesu. In einen Abend, der mit einem Fest angefangen hat und mit Angst und Verrat endete.]

Es war der erste Tag vom Fest der Ungesäuerten Brote. Da kamen die Jünger zu Jesus und fragten: »Wo sollen wir das Passamahl für dich vorbereiten?« Jesus antwortete: »Geht in die Stadt zu dem und dem Mann – richtet ihm aus: ›Der Lehrer lässt dir sagen: Die Zeit, die Gott für mich bestimmt hat, ist da. Ich will bei dir das Passamahl feiern zusammen mit meinen Jüngern.‹« Die Jünger machten alles so, wie Jesus ihnen aufgetragen hatte. Und sie bereiteten das Passamahl vor.
Als es Abend geworden war, ließ sich Jesus mit den zwölf Jüngern zum Essen nieder. Während sie aßen, sagte er zu ihnen:

»Amen, das sage ich euch: Einer von euch wird mich verraten.« Die Jünger waren tief betroffen. Jeder einzelne von ihnen fragte Jesus: »Doch nicht etwa ich, Herr?« Jesus antwortete: »Der sein Brot mit mir in die Schale taucht, der wird mich verraten. Der Menschensohn muss sterben. So ist es in den Heiligen Schriften angekündigt. Wie schrecklich für den Menschen, der den Menschensohn verrät. Er wäre besser nie geboren worden!« Da sagte Judas, der ihn verraten wollte, zu Jesus: »Doch nicht etwa ich, Rabbi?« Jesus antwortete: »Du sagst es!«
Beim Essen nahm Jesus ein Brot. Er lobte Gott und dankte ihm dafür. Dann brach er das Brot in Stücke und gab es seinen Jüngern. Er sagte: »Nehmt und esst! Das ist mein Leib.«
Dann nahm er den Becher. Er sprach das Dankgebet und gab ihn seinen Jüngern. Er sagte: »Trinkt alle daraus! Das ist mein Blut. Es steht für den Bund, den Gott mit den Menschen schließt. Mein Blut wird für die vielen vergossen werden zur Vergebung ihrer Schuld.

MATTHÄUS 26, 17–30 (BASISBIBEL)

GEDANKEN TANKEN

Du kannst hier zum Beispiel den Text aus der Einleitung lesen oder ihr sprecht über die gelesene Bibelstelle. Woran seid ihr hängengeblieben?

[LIED]

ANSTOßEN

BROT-SEGEN

Gott,
du hast die Welt ins Leben gerufen.
An allen möglichen Orten hast du Getreide wachsen lassen. Zusammengebracht zu einem Brot ernährt es uns und macht uns stark. So werden auch wir in der Gemeinschaft stark.
Wir bitten dich, segne uns und dieses Brot, das wir jetzt essen, dass das Brot unseren Körper stärke und die Gemeinschaft mit dir und untereinander unser Herz.

GIN-SEGEN

Gott,
Süßes und Bitteres wohnt in deiner Welt – und so unendlich viel mehr.
Wacholder, Koriander, Zitrus und viele andere Kräuter und Gewürze vereinen sich im Gin und wirken den *einen* Geschmack. So wirkt auch in unseren Beziehungen, deiner Kirche und der Gesellschaft vieles zusammen – vereint durch deinen Geist.
Segne uns diesen Gin und segne uns alle,
dass wir mit unseren vielen Gaben und Talenten, das Bittere besser aushalten und die Welt ein wenig süßer machen, wenn wir jetzt zusammen sind und wenn wir wieder in den Alltag gehen.

VATERUNSER

Vater unser im Himmel,
geheiligt werde dein Name.
Dein Reich komme.
Dein Wille geschehe.
Wie im Himmel so auf Erden.
Unser tägliches Brot gib uns heute,
und vergib uns unsere Schuld,
wie auch wir vergeben unseren Schuldigern.
Und führe uns nicht in Versuchung,
sondern erlöse uns von dem Bösen.
Denn dein ist das Reich,
und die Kraft und die Herrlichkeit,
in Ewigkeit.
Amen.

ANSTOßEN

Unsere Gemeinschaft macht uns stark,
und Gottes Geist trägt uns durchs Leben.
Für beides sind wir dankbar, und darauf trinken wir.

Ab hier kann es in den geselligen Teil des Abends übergehen. Wenn unterschiedliche Gins mitgebracht wurden, kann jeder zum Beispiel etwas zu seinem Gin erzählen. Der Abend kann später mit dem Gethsemane-Moment beendet werden.

22. GETHSEMANE-MOMENT

Der Gethsemane-Moment kann zusätzlich nach der Agape angeschlossen werden. Dafür kann der Tisch schon abgeräumt werden. Die Kerzen sollten noch brennen.

LESUNG

[aus dem Evangelium nach Matthäus, Kapitel 26:]

Dann kam Jesus mit seinen Jüngern zu einem Garten, der Getsemani hieß.
Dort sagte er zu seinen Jüngern:
„Bleibt hier sitzen.
Ich gehe dort hinüber und bete."
Er nahm Petrus und die beiden Söhne des Zebedäus mit. Plötzlich wurde er sehr traurig und Schrecken überfiel ihn. Da sagte er zu ihnen:
„Ich bin ganz verzweifelt. Am liebsten wäre ich tot. Wartet hier und wacht mit mir."

Jesus selbst ging noch ein paar Schritte weiter.
Dort warf er sich zu Boden und betete:
„Mein Vater, wenn es möglich ist, erspare es mir, diesen Becher auszutrinken!
Aber nicht wie ich will, soll es geschehen, sondern wie du willst!"
Jesus kam zu den drei Jüngern zurück und sah, dass sie eingeschlafen waren.
Da sagte er zu Petrus:
„Könnt ihr nicht diese eine Stunde mit mir wach bleiben? Bleibt wach und betet, damit ihr die kommende Prüfung besteht! Der Geist ist willig, aber die menschliche Natur ist zu schwach."
Dann ging er ein zweites Mal einige Schritte weg und betete:
„Mein Vater, wenn es nicht anders möglich ist, trinke ich diesen Becher. Es soll geschehen, was du willst."
Als er zurückkam, sah er, dass seine Jünger wieder eingeschlafen waren, die Augen waren ihnen zugefallen.
Jesus ließ sie schlafen. Wieder ging er weg und betete ein drittes Mal mit den gleichen Worten wie vorher. Dann ging er zu den Jüngern zurück und sagte zu ihnen:
„Schlaft ihr immer noch und ruht euch aus? Seht doch: Die Stunde ist da!
Jetzt wird der Menschensohn ausgeliefert an Menschen, die voller Schuld sind.
Steht auf, wir wollen gehen. Seht doch, der mich verrät, ist schon da!"

MATTHÄUS 26, 36–46 (BASISBIBEL)

GEBET

In dieser Nacht, Jesus, kommen wir dir nahe.
Du warst allein, von allen verlassen.
Das halten wir mit dir aus.
Wir teilen mit dir unsere Verlassenheiten.
Wo uns niemand verstanden hat.
Wo wir nicht genug geliebt wurden.
Wo wir unsere Zerrissenheit verbergen mussten.
Wo wir uns solche Sorgen gemacht haben.
Du verstehst.

Wir teilen mit dir unsere Tiefpunkte.
Wo wir hinter unseren Erwartungen zurückgeblieben sind.
Wo wir andere verletzt haben.
Wo wir anders hätten handeln müssen.
Wo wir vergeben hätten sollen und es doch nicht konnten.
Du verstehst.

Mit dir gehen wir jetzt in diese Nacht und in die kommenden heiligen Tage.
Lass uns heil werden. An dir.
Amen.

Die Kerzen werden ausgeblasen. Es beginnt die Stille des Karfreitags.

TRIDUUM –

DREI TAGE OSTERN – KARFREITAG

23. STERBE-MOMENT

„Erde zu Erde, Asche zu Asche, Staub zum Staub". In den traditionellen Beerdigungsliturgien wird dieser Satz am Grab zitiert, wenn der Sarg oder die Urne schon in die Erde gelassen ist. Dreimal werfe ich dabei Erde in das Loch, in dem jetzt ein Mensch liegt. Spätestens hier wird es für alle klar, dieser Abschied ist final.

Der Mensch, den du geliebt oder gemocht hast, liegt jetzt in der kühlen Erde. Mehr Ende geht nicht.

Wahr wird diese Realität im Kopf vielleicht erst nach Wochen oder Monaten. Wenn irgendwann aus „Ich muss sie noch anrufen" oder aus „Gleich kommt er durch die Tür" nur noch eine Erinnerung an schöne gemeinsame Momente wird, die dir manchmal über den Weg läuft.

Aus einem Menschen, in dessen Gegenwart du gelebt hast, den du gesehen, dem du zugehört und den du berührt hast, wird ein Mensch, der nur noch in deiner Erinnerung lebt.

„Fällt dir das leichter, mit dem Tod umzugehen, weil für dich etwas danach kommt?", hat mich nach dem Tod meiner Oma jemand gefragt. Um ehrlich zu sein, weiß ich das manchmal nicht. Denn das Schlimmste am Tod ist doch das Vermissen. Dass eben niemand rangehen wird, wenn du anrufst, und dass niemand durch die Tür kommt. Das Schlimmste ist das Loch in meinem Herzen und meinem Leben, das der Tod meiner Oma gerissen hat – und das tut weh. Da geht es, glaube ich, Atheisten und religiösen Menschen gleich. Wir alle vermissen auf dieselbe Weise.

Es macht mein Vermissen in dem Moment nicht kleiner – und doch stehe ich mit einer Wiedersehensperspektive am Grab. Dass das Vermissen nur für eine Zeit sein wird, auch wenn sie noch mein ganzes Leben dauern kann.

Das, was diesen Menschen ausgemacht hat, das liegt nicht in der kühlen Erde, sondern das ist bei Gott sicher aufgehoben – besser als es hier je war. Und das werde ich wiedersehen. Davon gehe ich wirklich fest aus und – ehrlich – wenn es nicht so wäre, könnte ich auch nicht regelmäßig andere beerdigen. Das würde mich viel zu sehr runterziehen.

Nur: Dieses Wiedersehen ist noch nicht jetzt. Jetzt ist Trauer. Jetzt ist Vermissen. Und das ist Karfreitag. Das kann man nicht vorspulen.

Es bietet sich an, den Sterbe-Moment am Karfreitag gegen 15 Uhr – der in der Bibel überlieferten Sterbestunde von Jesus – zu feiern. Im Prinzip eignet sich aber auch jede andere Zeit.

Du kannst den Sterbe-Moment mit anderen zusammen begehen oder allein. Zu Hause oder an einem ruhigen Ort in der Natur oder an einem Ort, an dem der Tod sehr präsent ist, wie zum Beispiel auf einem Friedhof.

ERÖFFNUNG

Im Namen des Vaters, des Sohnes und des Heiligen Geistes.
Amen.

GEBET

Du Sohn Gottes,
unser Erlöser,
du gibst dich hin
an eine Welt,
die dich braucht,
aber nicht will.

Du hältst alles aus,
was deine Jünger dir antun
mit ihrer Feigheit,
ihrem Verrat,
ihrer Treulosigkeit.

Selbst im Tod
hörst du nicht auf,
die Welt zu lieben
und deinen Nachfolgern
die Treue zu halten.

Wir können nicht fassen, was das Kreuz
über die Größe deiner Liebe sagt.
Wir halten schlecht aus,
was es uns über unser Mensch-Sein spiegelt.

Jesus, vergib uns,
wo wir auch heute unmenschliche Züge tragen,
und gib uns Teil an dem Leben,
das du gewonnen hast
in deinem Tod.
Amen.

LESUNG

Johannes 18, 28–19, 3

Mein Gott, mein Gott, warum hast du mich verlassen?
Fern ist meine Rettung, ungehört verhallt mein Hilfeschrei.

PSALM 22, 2 (BASISBIBEL)

Johannes 19, 4–16

Mein Gott, mein Gott, warum hast du mich verlassen?
Fern ist meine Rettung, ungehört verhallt mein Hilfeschrei.

PSALM 22, 2 (BASISBIBEL)

Johannes 19, 17–25

Mein Gott, mein Gott, warum hast du mich verlassen?
Fern ist meine Rettung, ungehört verhallt mein Hilfeschrei.

PSALM 22, 2 (BASISBIBEL)

Johannes 19, 25–30. (Stille) 38–42

Aber du, Herr, sei nicht ferne;
Meine Stärke, eile mir zu helfen.

PSALM 22, 20 (LUTHER-ÜBERSETZUNG)

GEBET

Heute ist die Zeit, den Schmerz auszuhalten,
ihn zu flüstern und zu weinen und zu teilen.
Morgen ist der Tag der Stille.
Übermorgen sieht die Welt anders aus.
Nimm unsere Verstorbenen und alle Menschen
mit ihren Kreuzen in dein Übermorgen.

VATERUNSER

Vater unser im Himmel,
geheiligt werde dein Name.
Dein Reich komme.
Dein Wille geschehe.
Wie im Himmel so auf Erden.
Unser tägliches Brot gib uns heute,
und vergib uns unsere Schuld,
wie auch wir vergeben unseren Schuldigern.
Und führe uns nicht in Versuchung,
sondern erlöse uns von dem Bösen.
Denn dein ist das Reich,
und die Kraft und die Herrlichkeit,
in Ewigkeit.
Amen.

Es bietet sich an, den Rest des Karfreitags in Ruhe ausklingen zu lassen.

24. AUFERSTEHUNGSMOMENT

„Was diese Frauen gesehen haben, ist unglaublich!“ Wäre Clickbaiting im ersten Jahrhundert schon erfunden worden, hätten die Evangelisten ihre Geschichte vielleicht so überschrieben.

Stattdessen erzählen sie eine schlichte Geschichte von zwei Frauen, die auf dem Weg sind, einen Toten für die Grabruhe vorzubereiten. Eine sehr intime Angelegenheit. Sie wollen nachholen, wozu am Karfreitag keine Gelegenheit war, und stolpern dabei im Halblicht der Morgendämmerung in ein kosmisches Geheimnis:

Das Geheimnis von Tod und Auferstehung.

Sie suchen Jesus im Grab, da, wo er abgelegt wurde. Aber der Engel sagt: „Hier ist er nicht.“ Sie finden ihn schließlich im Garten, mitten im lebendigen Grün, wo er ihnen sagt: „Fürchtet euch nicht!“ und: „Sagt das weiter!“

Seitdem wird christliche Lebensgeschichte mit der geheimnisvollen Tinte von Tod und Auferstehung geschrieben, von Grabhöhle und Garten, von Angst und „Fürchtet euch nicht".

Auf unterschiedlichsten Lebensebenen greifen modrige, lebensfeindliche Finger nach uns:

Dann ist es, als ob du tief in der Grabkammer sitzt,
wenn du einsam bist oder überfordert,
wenn Depression oder einfach Traurigkeit dein Herz übernehmen
oder wenn irgendjemand dich in diese Kammer gestoßen hat.
Manchmal rollst du dir auch selbst einen schweren Stein vors Leben,
weil du dir selbst im Weg stehst,
weil du einfach Fehler gemacht hast,
weil du andere verletzt.
Und manchmal ist es so, als hätte die Angst einen Zweitschlüssel zu deinem Herzen,
die Angst, nicht so gut zu sein wie die anderen,
die Angst, nicht geliebt zu sein dafür, wer du bist,
sondern nur dafür, was du tust.
Und manchmal – kommt der Tod einfach als Tod in dein Leben.
Als Kampf, stilles Leiden und unendliches Vermissen.

Das alles sind die Vibes des Todes im Leben. Aber das ist nie die ganze Geschichte. Weil die Jesusgeschichte eben auch nicht am Karfreitag endet. Weil Ostern Teil dieser Geschichte ist, sind auch die Oster-Vibes mitten ins Leben verstrickt.

Deshalb kann ein Freund es sich mit dir in der Grabkammer gemütlich machen, bis es sich anfühlt wie ein Lagerfeuerabend.

Deshalb kann Gott den Stein spalten, mit dem du dich blockiert hast.

Deshalb kann eine Therapeutin dir helfen, die Angstspirale heraufzusteigen bis ans Sonnenlicht.

Deshalb lachen wir auch oft bei Beerdigungen. Weil die Traurigkeit real ist, aber das Lachen im Andenken an diesen Menschen trotzdem wahr.

Jedes Leben ist voll von diesem geheimnisvollen Wechselspiel kleiner Tode und Auferstehungen, manchmal – oft sogar – gleichzeitig.

Aber seit diesem Ostermorgen ist klar:
Keine Grabkammer bleibt für immer verschlossen.
Kein Stein versperrt für immer den Weg.
Keine Angst bleibt unwidersprochen.
Spätestens am großen, neuen Tag wird es für alle heißen:
Das Grab ist leer.
Der Stein ist weggerollt.
Fürchte dich nicht!

Dass die Welt das einmal sehen wird, ist unglaublich.

Der Auferstehungs-Moment ist das älteste Fest, das Christen feiern. Elemente dieser Feier reichen bis ganz zum Anfang der Jesusbewegung zurück.

Der Auferstehungs-Moment wird in der Nacht von Karsamstag auf Ostersonntag gefeiert. Entweder abends, wenn es schon dunkel ist, oder sehr früh am Ostersonntag-Morgen. Du kannst den Auferstehungs-Moment allein oder mit anderen feiern. Auf jeden Fall solltest du Kerzen bereithalten, weil die Feier erst im Dunkeln anfängt und dann im Kerzenlicht weitergeht. Wenn du magst, kannst du dir selbst auch eine besondere Osterkerze kaufen oder selbst gestalten, die dich für den Rest des Jahres an die Osterbotschaft erinnern soll.

Wenn du abends feierst, könnt ihr im Anschluss noch für Drinks zusammenbleiben. Jeder kann zum Beispiel einen Oster-

cocktail beisteuern oder ihr könnt danach noch ausgehen. Wenn du morgens feierst, kann sich ein Osterfrühstück anschließen.

Beginn im Dunkeln.

[LESUNG: WAS BISHER GESCHAH]

Es war schon Abend geworden, und es war der Tag, an dem der Sabbat vorbereitet wurde. Da kam Josef von Arimatäa, ein angesehenes Mitglied des jüdischen Rates. Er gehörte zu denen, die darauf warteten, dass Gottes Reich in der Welt anbricht. Er wagte es, zu Pilatus zu gehen und ihn um den Leichnam von Jesus zu bitten. Pilatus war erstaunt zu hören, dass Jesus schon tot war. Er rief den Hauptmann herbei und fragte ihn, ob Jesus wirklich schon tot war. Als er vom Hauptmann die Bestätigung bekam, überließ er Josef den Leichnam. Josef kaufte ein Leinentuch, nahm Jesus vom Kreuz ab und wickelte ihn in das Leinentuch. Dann legte er ihn in eine Grabkammer, die in einen Felsen gehauen war. Schließlich rollte er einen Stein vor den Eingang zur Grabkammer. Maria aus Magdala und Maria, die Mutter des Joses, sahen mit an, wo der Leichnam hingelegt wurde.

MARKUS 15, 42–47 (BASISBIBEL)

ERÖFFNUNG

Im Namen des Vaters, des Sohnes und des Heiligen Geistes. Amen.

ERLEUCHTUNG

Die Dunkelheit der ganzen Welt kann das Licht einer einzigen Kerze nicht auslöschen.

FRANZISKUS VON ASSISI

Und ein einziges leeres Grab gibt Hoffnung für den ganzen Schmerz,
die ganze Last
und den ganzen Tod der Welt.
Für dieses leere Grab steht die Osterkerze.
Wenn wir jetzt Kerzen anzünden,
dann sind sie ein Zeichen dafür,
dass es so dunkel werden kann, wie es will,
ihr Licht wird brennen.
Für dich – für mich – für die ganze Welt.

Zünde jetzt die Osterkerze und wenn du magst auch noch viele andere Kerzen an.

Manche Dinge brauchen ewig, um in unseren Verstand zu sinken. Wir müssen sie uns immer wieder sagen und wiederholen, damit sie zu uns durchdringen.

Christus unser Licht – **Gott sei Dank!**
Christus unser Licht – **Gott sei Dank!**
Christus unser Licht – **Gott sei Dank!**

MEDITATION

Diese Nacht ist anders als alle anderen Nächte.
Warum?
Weil Gott die Welt am Anfang der Zeit ins Leben geliebt hat –
und wir uns heute daran erinnern.

Diese Nacht ist anders als alle anderen Nächte.
Warum?
Weil Gott die Israeliten, die Sklaven in Ägypten waren, durch das Meer in die Freiheit geführt hat –
und wir uns heute daran erinnern.

Diese Nacht ist anders als alle anderen Nächte.
Warum?
Weil Gott dem Propheten Hesekiel gesagt hat
Ich breche eure Gräber auf und hole euch wieder raus ins Leben (Hesekiel 37, 12)
und wir uns heute daran erinnern.

Diese Nacht ist anders als alle anderen Nächte.
Warum?
Weil Jesus dem Tod die Sense aus der Hand gerissen hat –
und wir uns heute daran erinnern.

DIE GUTE NACHRICHT VON OSTERN

[Hört das Evangelium der Osternacht:]
Der Sabbat war vorüber. Da kamen ganz früh am ersten Wochentag Maria aus Magdala und die andere Maria. Sie wollten nach dem Grab sehen. Plötzlich gab es ein heftiges Erdbeben, denn ein Engel des Herrn kam vom Himmel herab. Er ging

zum Grab, rollte den Stein weg und setzte sich darauf. Seine Gestalt leuchtete wie ein Blitz, und sein Gewand war weiß wie Schnee. Die Wachen zitterten vor Angst und fielen wie tot zu Boden.

Der Engel sagte zu den Frauen: „Fürchtet euch nicht! Ich weiß: Ihr sucht Jesus, der gekreuzigt wurde. Jesus ist nicht hier. Gott hat ihn von den Toten auferweckt, wie er es vorausgesagt hat. Kommt her und seht: Hier ist die Stelle, wo er gelegen hat. Jetzt geht schnell zu seinen Jüngern! Sagt ihnen: ‚Jesus wurde von den Toten auferweckt. (…) Auf diese Botschaft könnt ihr euch verlassen.'" Die Frauen waren erschrocken und doch voller Freude. Schnell liefen sie vom Grab weg, um den Jüngern alles zu berichten.

Da kam ihnen Jesus selbst entgegen und sagte: „Seid gegrüßt!" Sie gingen zu ihm, berührten seine Füße und warfen sich vor ihm zu Boden. Da sagte Jesus zu ihnen: „Fürchtet euch nicht! Geht und sagt meinen Brüdern, sie sollen nach Galiläa gehen. Dort werden sie mich sehen."

MATTHÄUS 28, 1-10 (BASISBIBEL)

OSTERGRUß

Der Herr ist auferstanden! Halleluja!
Er ist wahrhaftig auferstanden! Halleluja!

[LIED]

Zum Beispiel ein Halleluja oder „Christ ist erstanden".

[DEN TOTEN OSTERN SAGEN]

Jesus war der Erste, der den Tod hat alt aussehen lassen – aber er wird nicht der Letzte sein! Das ist eine Message für jeden von uns, aber es ist auch eine Nachricht für alle, die wir liebhaben und die nicht mehr leben. Weil Ostern auch für sie ist, ist hier der Moment, auch ihnen die Osterbotschaft zu sagen und sie zum Mitfeiern einzuladen. Du kannst vorher die Namen deiner Toten aufschreiben oder jeder kann reihum die Namen seiner Toten sagen und alle antworten gemeinsam.

Ihr Toten,
wir haben euch gehen lassen müssen – aber heute sagen wir uns und euch, dass dieser Abschied nicht für immer war.

______ – Der Herr ist auferstanden – feiere mit uns.
______ – Der Herr ist auferstanden – feiere mit uns.
______ – Der Herr ist auferstanden – feiere mit uns.
______ – Der Herr ist auferstanden – feiere mit uns.

Ihr könnt so viele Menschen nennen, wie es für euch passt.

FÜRBITTEN UND VATERUNSER

Die Fürbitten könnt ihr auch abwechselnd lesen, neue ergänzen oder andere weglassen.

Gott,
diese Nacht ist anders als alle anderen Nächte,
du hast dem Tod die Sichel abgenommen, du hast die Grabsteine zerbrochen.
Wir bitten dich:

Zerbrich die Steine vor den Gräbern der Lebenden.

Gib Menschen, die gefangen sind von ihrer Depression, ihrer Angst, ihrer Sucht, ihrem Leistungsdruck einen neuen Weg ins Leben. Lass Hoffnungslicht ins Leben derer leuchten, die in dunklen Kammern sitzen.

In das Leben von Geflüchteten, von Kranken, von Einsamen, von Armen, von Lieblosen.

Lass unsere Toten in deiner Hand sicher sein – bis wir sie wieder sehen in deiner neuen Welt.

Mit allen Menschen aller Kirchen weltweit, mit allen Lebenden und Toten verbinden wir uns und beten das Gebet, das Jesus uns beigebracht hat:

Vater unser im Himmel,
geheiligt werde dein Name.
Dein Reich komme.
Dein Wille geschehe.
Wie im Himmel so auf Erden.
Unser tägliches Brot gib uns heute,
und vergib uns unsere Schuld,
wie auch wir vergeben unseren Schuldigern.
Und führe uns nicht in Versuchung,
sondern erlöse uns von dem Bösen.
Denn dein ist das Reich,
und die Kraft und die Herrlichkeit,
in Ewigkeit.
Amen.

SEGEN

Heiliger Gott,
lass das Licht von Ostern leuchten
auf unserem Weg durch den neuen Tag,
auf unserem Weg durch dieses Jahr,
auf dem Weg durch unser Leben,
dass uns keine Dunkelheit jemals festhalten kann.
Amen.

25. MAGNIFIKAT

Frauen kommen in der Bibel immer schlecht weg!", erzählt mir die Soziologiestudentin, die ich gerade auf einem Seminar kennengelernt habe. „Das fängt schon bei der Schlange an! Die Schlange ist ja an allem schuld."

Streng genommen funktioniert das nur im Deutschen. Im Hebräischen heißt es – vielleicht hat es mit der Form zu tun – der Schlang. Der Schlang reitet die Menschheit in die Scheiße.

Und so ist es an vielen Stellen in der Bibel. Die Bibel ist ein Buch, das von Männern geschrieben wurde – aber aus der Geschichte Gottes mit der Menschheit ließen sich Frauen nicht einfach hinausschreiben. Und so sind sie da, an allen möglichen Stellen, nur manchmal muss man etwas genauer hinschauen. Sie wohnen da zwischen den Seiten und haben ihre Spuren hinterlassen.

Unter einer Palme im Buch der Richter sitzt Debora, die Richterin. Damit ist mehr eine charismatische Anführerin als eine antike Barbara Salesch gemeint. Sie ist so toll, dass der General Barak ohne sie gar nicht in den Krieg gegen die Gegner Israels ziehen will. Übertroffen wird Debora im Buch der Richter an fame nur noch von Jael, in deren Zelt sich der gegnerische Clan Chef verstecken will und die das Problem löst, indem sie ihm nachts einen Zeltpflock durch die Schläfe schlägt. Debora, die nicht nur Richterin und Prophetin, sondern auch Sängerin ist, singt darüber dann noch ein Lied. Man sollte sich also nie mit Israels Frauen anlegen.

Noch bevor Israel überhaupt im gelobten Land ankommt, spielt eine andere Frau eine entscheidende Rolle. Die Sexarbeiterin Rahab versteckt nämlich Agenten der Israeliten in ihrem Haus, nachdem sie enttarnt werden, als sie die Stadt Jericho ausspionieren wollen.

Danach verhandelt sie – ganz Geschäftsfrau, die sie ist – mit ihnen, dass ihre Familie bei der Eroberung Jerichos verschont werden soll. Man kann sich vorstellen, dass die Verwandtschaft, die sich vorher vielleicht für Rahab und ihren Beruf geschämt hat, jetzt ziemlich dankbar ist, sie zu kennen. So hat Rahab es sogar in den Stammbaum von Jesus geschafft.

Die Königin von Saba wird zwar nicht namentlich genannt, ist aber unbeschreiblich reich und kommt bei König Salomo vorbei, um ihn „mit Rätselfragen zu prüfen". Sie ist quasi Günter Jauch und die Königin von England in einem.

Sie ist schließlich sehr zufrieden mit Salomos Weisheit und der Staatsbesuch endet damit, dass beide einander mit Reichtümern überschütten. Anders als im guten, alten Märchen verliebt sie sich aber nicht in den König, sondern fährt einfach wieder heim, um dort weiter Königin zu sein.

Die berühmteste Frau der Bibel aber wohnt im Neuen Testament.

Maria ist schon mit 14 Jahren unglaublich mutig, als sie Gott gegenüber Ja sagt, zu einer Lebensgeschichte, deren Auswirkungen sie noch kaum absehen kann. Während die Worte des Schlangs die Menschheit ins Unglück gestürzt haben, ist es dieses Ja von Maria, das der Geschichte einen weltverändernden Dreh gibt. Davon singt sie in ihrem Lied – dem Magnifikat. (Die besten Frauen der Bibel singen offensichtlich immer Lieder, wie wie auch Miriam, Debora und Hanna.)

Eine andere Maria – die aus Magdala – ist die, die im Dunkeln des Ostermorgens als erste dem auferstandenen Jesus begegnet und so als erste Apostelin die gute Nachricht in die Welt trägt.

Kurz: Die Bibel ist ein Buch, das von Männern geschrieben wurde, das aber voller bemerkenswerter Frauen steckt, Heldinnen, Mütter, Prophetinnen, Sängerinnen, Sexarbeiterinnen und Königinnen. Weil Gott in seiner Geschichte mit den Menschen *immer* auf Frauen gebaut hat.

Dieses Gebet der fantastischen Wiener Baptisten-Pastorin Mira Ungewitter zum Weltfrauentag kann sowohl am Anfang eines Champagner-Frühstücks oder vor einer Demo stehen als auch in einem Gottesdienst vorkommen.

GEBET

Meine Seele erhebt die Ewige.
Heilige Geisteskraft möge uns Welt Frauen*
geschenkt werden.
Hast du uns doch zur Rettung der Menschheit kreiert.
Denn du selbst sprachst aus und in die Ewigkeit hinein:
Es ist nicht gut, dass der Mensch allein ist.
Eine Lebens-Rettung will ich ihm erschaffen.
Zu meinem Ebenbild.
So wurde das Paradies mit der Mutter allen Lebens vollendet.
Dabei war Sie* nackt und schämte sich nicht.
Und siehe, es war gut. Und siehe, Sie war sehr gut.

Gott*, der du selbst durch eine Frau von Welt
durch ihr Blut, ihren Schweiß und ihre Tränen ins Leben kamst,
deren Erb-Gut du teilst:
Schenk uns Tatkraft für heute.
Wo wir. Jenseits. Von Eden sind.
Geistes. Tat. Und Wortkraft.
Die Wortkraft jener Frauen*, die dir nahe waren,
als du von allen Freunden verlassen warst.
Aber nicht von deinen Freundinnen.
Kraft durch Worte gegen Form von Ungerechtigkeit in der Welt.
Wen auch immer sie betrifft:
Aufzuschreien. Aufzustehen. Aufzuweinen. Aufzulachen.
Rabbuni!
Lasst uns einstimmen in den ewigen Chor der Frauen*,
die leise und laut flüstern: Ich habe den Herrn* gesehen.
Und das hat er mir gesagt:
Und siehe es war Mut.
Und gelegentlich Champagner.
A-(wo)-men.

MIRA UNGEWITTER

26.

DU BETTEST DIE TOTEN

Das wird wieder besser", „Die Zeit heilt alle Wunden" oder „Jetzt warst du lange genug traurig, mach doch mal wieder was Schönes".

Das müssen sich viele anhören, die jemand Liebes verloren haben.

Ich glaube, es ist nicht einmal so, dass die Leute, die so etwas sagen, unsensibel wären. Trauer ist einfach schwer auszuhalten. Für einen selbst, aber eben auch für andere. Und so wollen sie etwas dazu beitragen, dass sie möglichst schnell vorbeigeht – weil sie so unangenehm ist. Es soll wieder normal werden.

Nur: Es wird nicht wieder normal – nicht so wie vorher.

Es entsteht eine neue Normalität. Um das Loch herum, das der Tod eines lieben Menschen ins Leben gerissen hat. Aber das braucht einfach Zeit. Jemand hatte einen festen Platz in deinem Leben, und er oder sie ist weg.

Jemand fehlt … DU fehlst mir … jeden Tag, jedes Jahr.

Und ja, das wird auch irgendwann wieder besser.

Wunden werden Narben.

Irgendwann machst du auch wieder etwas Schönes, kannst auch mal wieder lachen.

Und vielleicht weißt du das auch im Kopf! Aber am Anfang sagt dein Herz Nein.

Der Kopf mag etwas wissen, aber das Herz heilt in seiner eigenen Zeitrechnung.

Manchmal ist das Herz einfach klüger, weil es sich seine Zeit nimmt. Wenn wir am Grab stehen, dann scheint die Auferstehung so weit weg.

Der Kopf sagt: Komm damit klar, du hast sie verloren. Aber das Herz – das klüger ist – kann hoffen über das Grab hinaus.

Kürzlich habe ich ein Kind getauft. Ein kleines quirliges Mädchen. Das ist einerseits ein ganz natürliches Zeichen dafür, dass es weitergeht.

Leben vergeht, neues Leben beginnt.

Aber – fast wichtiger – wir haben dabei die Taufkerze des kleinen Mädchens an der Osterkerze angezündet. Die Osterkerze, die in der Osternacht im Morgengrauen am Osterfeuer angezündet wird. Das Licht dieser Kerze ist in Wachs gegossenes Anhoffen gegen das, wovon der Kopf uns sagt: Es ist endgültig.

So zünden wir auch gleich eine Kerze für die Menschen an, die wir verloren haben. Das erinnert uns daran: Wir sind endliche Menschen, aber mit Ewigkeitsperspektive.

Schon als kleines Kind am Lebensanfang wird uns dieses Licht mitgegeben, so wie wir es gleich auch unseren Verstorbenen mitgeben.

Ein Licht, das Hoffnung ausstrahlt: die Hoffnung, dass Gott treu ist, über den Tod hinaus.

Denn der Kopf bringt einen nur bis ans Grab heran. Aber die Hoffnung des Herzens trägt darüber hinaus.

Und so begehen wir diesen Tag im Andenken an die Toten. Nicht ohne die Traurigkeit über die Menschen, die wir verloren haben. Aber auf Hoffnung hin, auf die Hoffnung des Herzens. Auf ein Wiedersehen. Auf Zusammensein. Auf Heil sein.

Im November erinnern sich Christen – katholische und evangelische – besonders an die Toten. Die des letzten Jahres und die, die wir irgendwann einmal verloren haben, und nie aufhören zu vermissen. Dazu gibt es Gottesdienste in Kirchen und auf Friedhöfen. Hier ist eine kleine Form für zu Hause. Auch hier kann aber vorher oder später ein Grab besucht werden. Im Prinzip ist diese Form auch nicht an den November gebunden, du kannst sie zum Beispiel auch am Geburts- oder Todestag von verstorbenen Menschen feiern.

ERÖFFNUNG

Im Namen des Vaters, des Sohnes und des Heiligen Geistes.
Amen.

GEBET

Gott,
gib mir Mut zum Trauern.
Vermissen ist keine Schande.
Und Tränen kein Grund, sich zu schämen.

Ich vermisse das Gesicht, die Worte
und die Wärme von ____.
Warum ich sie/ihn nicht mehr habe, weiß ich eigentlich –
und verstehe es doch nicht.

Manchmal bist du mir echt unverständlich.
Aber heute will ich nicht verstehen, sondern einfach vermissen.
Und _______, der/die nicht mehr da ist, noch einmal ins Leben lassen.
Amen.

Du kannst jetzt für die Menschen, an die du heute denken möchtest, jeweils eine Kerze anzünden. Danach kannst du einfach aussprechen, was dir zu dem Menschen am Herzen liegt, was du vermisst, woran du dich gerade erinnerst – alle Worte, die kommen, sind richtig. Wenn ihr mit mehreren feiert, kann jeder auch etwas zur jeweiligen Person sagen.

[LIED]

„Du bettest die Toten“

GEBET

Gott,
du bettest die Toten,
du segnest die Lebenden.
Durch deine Hände bleiben wir miteinander verbunden.
Bis du die Lebenden rufst und die Toten weckst
und wir wieder zusammen sind,
an deinem Tisch, in deiner neuen Welt.
Amen.

AUSSICHT

Dann sah ich einen neuen Himmel und eine neue Erde.
Denn der erste Himmel und die erste Erde sind vergangen, und das Meer ist nicht mehr da.
Und ich hörte eine laute Stimme vom Thron her rufen:
„Sieh her: Gottes Wohnung ist bei den Menschen! Er wird bei ihnen wohnen, und sie werden seine Völker sein.
Gott selbst wird als ihr Gott bei ihnen sein.
Er wird jede Träne abwischen von ihren Augen.
Es wird keinen Tod und keine Trauer mehr geben,
kein Klagegeschrei und keinen Schmerz.
Denn was früher war, ist vergangen."
Der auf dem Thron saß, sagte: „Ich mache alles neu."

AUS OFFENBARUNG 21 (BASISBIBEL)

DURCHS

LEBEN

27. KINDER-WUNSCH-GEBET

Wünschen – das denken wir oft– ist etwas für das Christkind.

Etwas für den Advent: den Zettel ans Fenster, damit das Christkind deine Wunschliste kennt. Für Erwachsene ist es vielleicht noch etwas für den Geburtstag.

Aber es gibt auch Wünsche, die sind nicht saisonal oder materiell. Sie wohnen tief in deinem Herzen. Sie sagen dir, dass etwas anders werden sollte in deinem Leben. Dass du von etwas wegmusst oder dass du etwas brauchst, was du nicht hast.

Solche Wünsche, die nicht auf der Oberfläche des Alltags schwimmen, wie der Urlaub oder die neue Uhr, muss man ernst nehmen. Sie können eine Ahnung davon sein, was Gott mit deinem Leben vorhat. Deshalb ist Gott auch die richtige Adresse für diese Wünsche – nicht das Christkind oder die Amazon-Wishlist.

Manchmal fällt dir die Erfüllung der Wünsche in den Schoß. Manchmal gehst du viele Umwege und brauchst Verbündete, die mit dir gehen.

Und manchmal zeigt sich auch, dass Gott einen anderen Plan für dich hat.

Weil diese Wünsche nicht nur oberflächlich sind, ist das vielleicht am härtesten anzunehmen. Nur – Gott ist ja auch nicht oberflächlich. Egal, welchen Weg er dich führt, er führt dich als jemand, der dich kennt und liebt und der eine Fantasie für dein Leben hat.

GEBET

Gott! Wir sitzen hier mit leeren Händen,
in denen wir so gern unser Kind halten würden.

Es fällt manchmal echt schwer,
deinen Wegen zu vertrauen.
Manchmal fühlen wir uns übersehen
zwischen all den Familien.
Sieh du uns an.

Du bist ein Gott der Wunder.
Bitte schenk uns Hoffnung.
Und bewahre unser Herz, dass es nicht hart wird.
Zeig uns, welchen Weg du für uns bereitet hast.
Wir wollen ihn mit dir gehen.

Wir sitzen hier mit leeren Händen.
Füll du sie mit deiner Gnade.

LEONIE UND SAM WILD

28. AM ANFANG DES LEBENS

Leben beginnt heimlich.
Heimlich und sehr, sehr klein.
Unscheinbar muss das Leben sich erst einmal sammeln, bevor es sich melden kann: „Hallo, hier bin ich."
Erst bleibt es dann ein Geheimnis weniger Eingeweihter.
Irgendwann lässt es sich dann nicht mehr verbergen und tritt in die Öffentlichkeit. Und dann irgendwann tritt das kleine Leben in die Welt.
Noch kann es nichts. Es braucht die Eltern für alles.
Zum Tragen, zum Essen, um Gefährliches abzuwenden.
Aber als Eltern ist es die wichtigste Aufgabe, ihr Kind zu lieben.
Egal auf welchen Weg die weiterführende „Schule das Lebens" das Kind irgendwann einmal führen wird.
Vorher, jetzt, vor dem „Ernst des Lebens" geht es bei den Eltern in die Grundschule des Lebens,
in die Schule der Liebe.
An ihrem Beispiel und dem von Großeltern, Familie und Freunden lernt das Kind zu lieben – erst liebt es alle diese Menschen zurück und plötzlich andere Menschen, die in sein Leben treten.

Bei allem, was am Bild von Gott als Vater oder Mutter schief werden kann – nicht jeder hat ja wirklich gute Elternbeziehungen –, haben Eltern und Gott doch eins gemeinsam: Sie lieben unverdient. Das kleine Leben hat noch nichts geleistet, kann auch nichts. Es ist einfach nur da und wird schon geliebt.
So unverdient liebt auch Gott. Er spricht sein Ja über uns aus, wenn wir noch ein kleines Leben sind.
Gott dieses Ja immer wieder zu glauben, es zu hoffen und ihn zu lieben, sich mit ihm zu streiten, anzuschweigen und sich ihm bettelnd um den Hals zu werfen, das geschieht, wenn unser Leben größer wird. Das ist christliches Leben.

@MUTTER

Zum Beispiel mit Handauflegen auf den Kopf der Mutter.

_________________ (Name),
Gott segne dich
mit dem tiefen Vertrauen Evas,
der niemand sagen konnte, was auf sie zukommt.
Mit der Freude Saras,
die ihr Glück kaum fassen konnte.
Mit der Stärke Marias,
die allen Widrigkeiten getrotzt hat.

@BABYBAUCH

Zum Beispiel mit Handauflegen auf den Babybauch.

Du kleiner Mensch,
die Welt wartet auf dich.
Solange wir warten und du wächst,
segne dich Gott.
Der Vater, der den Kosmos gemacht hat, sei dir ein Schutz vor allen Gefahren.
Der Sohn, der im Fruchtwasser geschwommen ist wie du, sei immer an deiner Seite.
Der Heilige Geist, der auch Jesus ins Leben gelockt hat, helfe dir auf dem Weg in diese Welt.
Amen.

WELCOME-GEBET

Dieses Gebet von @theresaliebt, der herzerwärmden Sinnfluencer-Pfarrerin aus Berlin, kann zum Beispiel gebetet werden, wenn ihr aus dem Krankenhaus zurück nach Hause kommt, oder wann immer es für euch passt.

Gott,
alles ist neu, alles ist anders.
Ich kann es noch gar nicht richtig fassen.
Ein kleiner Mensch, zart und wundervoll.
Beeindruckend, einnehmend und weltverändernd.
Bedürftig und anspruchsvoll.
Ein kleiner Mensch, der mein ganzes Leben vollständig auf den Kopf stellt.
Ich danke dir von ganzem Herzen für dieses neue Leben.

Gott,
ein Teil meines Herzens liegt jetzt durch dieses Kind in meinen Armen.
Ich kannte diese Liebe und Verantwortung bisher nicht.
Mein Herz und meine Seele tanzen – wo sollen sie hin,
bei diesen Gefühlen?
Das überwältigt mich.
Und dennoch macht es mir auch Angst.
Hilf mir beim Elternsein. Hilf mir zu vertrauen.
Bestimmt wird es nicht perfekt. Anders als erwartet.
Aber so gut wie es in meiner Kraft liegt.
Hilf mir, meinem Kind die Liebe zu geben, die es braucht.
Jeden Tag. Jede Nacht.
Immer wieder aufs Neue.

Gott,
oft bin ich so müde.
Manchmal weiß ich morgens nicht,
wie ich den Tag schaffen soll.
Wie ich meinem Kind gerecht werden soll.
Bitte schenk mir Kraft.
Hilf mir zu verstehen, dass Elternsein auch Dienen
und Opfer bringen bedeutet.
Und hilf mir, meine Überlastungen zu erkennen
und andere um Hilfe zu bitten.
Trag mich, wenn ich mich vergesse und mich vergessen fühle.
Hilf mir da zu sein, so wie mein Kind es braucht.
Bitte schenk mir Ruhe. Innerlich und äußerlich.
Lass mich ankommen in unserem neuen Leben.

Gott,
lass mich stolz sein.
Auf alles, was ich bis hierher geschafft habe.
Schenk mir Kraft für alles, was ich noch schaffen werde.
Sei bei mir.
In den neuen Situationen und bei all den Veränderungen.
Beim Weinen, Streiten und Tränen trocknen, in allen dunklen Stunden.
Lass mich dich spüren in den schönsten Alltagsmomenten und in glitzernden Sternstunden.
Segne dieses wunderbare, neue, unbegreifliche Leben als Familie.
Amen.

THERESA BRÜCKNER

29. GEBURTSTAGS-GEBET

Jedes Jahr kommt wieder dieser Tag, zu dem du dich verhalten musst: Feierst du deinen Geburtstag groß oder klein? Oder gar nicht?

Ich finde: Nicht feiern ist auch okay. Aber da hat mir Anki, eine Podcaster-Freundin, letztens heftig widersprochen: „Geburtstag ist das Gegenmittel gegen die Leistungsgesellschaft!"

Sie findet, wer Geburtstag feiert, feiert einfach, dass es ihn oder sie gibt.

Es geht nicht um das, was man erreicht hat. Denn fürs Geborenwerden kann man ja nichts.

Im Englischen, sagt sie, heißt Mensch „human being", nicht „human doing".

Frei übersetzt: Man ist Mensch, weil man ist, nicht weil man tut.

Das gefällt mir total gut! Ich kenne das von meinem Glauben.

Gott hat dich ins Leben geliebt.

Du bist! Und das reicht schon.

Ob als kleines Würmchen im Arm der Mama, ob als alter Mensch mit Rollator.

Ich finde diesen Gedanken so stark, weil er alles andere relativiert.

Die einen sagen dir: Du bist, was du tust.
Die anderen: Du bist, mit wem du zusammen bist.
Und wieder andere sagen: Du bist, wie du aussiehst.
Und alles davon ist … falsch.

Du bist weder, was du tust, wen du liebst oder was du isst.

Du bist! Human being, nicht human doing.
Du bist!
Und du bist, wie es in der Bibel nach der Schöpfung heißt:
Du bist ganz schön gut.
Eigentlich schon ein Grund zu feiern.

GEBET

Gott,
tausend Jahre sind vor dir wie ein Tag.

Bei mir ist es anders.
Jedes Jahr passiert so viel.
Nach jedem Jahr bin ich der/dieselbe – und immer auch ein bisschen anders.
Mit jeder Kerze, die ich auf dem Kuchen ausblase, kommt mehr zu mir dazu.

Danke für alles Gute, das ich im letzten Jahr erlebt habe.
Für alles Glücklichsein, Lachen, Wachsen, für alle Liebe, die ich bekommen und geben darf.
Danke für alle Umwege, auf die du mich geführt hast, weil der direkte Weg nichts für mich war.

Alles, was mich in diesem Jahr verletzt oder gekränkt hat,
gebe ich dir jetzt wieder.
Heile du es im kommenden Jahr. Lass aus Wunden
Narben werden.

Ich schreibe meine Geschichte Jahr für Jahr.
Sei auch im neuen Lebensjahr mit deinem Segen bei mir,
und lass mich auch anderen ein Segen werden.
In deinem Namen,
Amen.

30. BIKE-SEGNUNG

Es herrscht Krieg.

Jeden Morgen und jeden Feierabend herrscht Krieg auf den Straßen der Stadt. Autofahrerinnen, Fußgänger und Fahrradfahrerinnen kämpfen um Platz und um ihre realen oder eingebildeten Rechte.

Ampeln, Fahrradwege und Bürgersteige kämpfen um ihre Autorität.

Und ich kämpfe darum, meine Fassung zu bewahren.

Hier nimmt mir jemand die Vorfahrt, da fährt ein Lastenrad genau in der Mitte des Wegs, und dort watschelt ein Fußgänger ohne zu schauen auf den Radweg. Es ist ein Spießrutenlauf, bei dem man besser einen Helm trägt. Überhaupt scheinen alle aufzurüsten. Nicht nur mit Helm. Die Autofahrer greifen mehr und mehr zum SUV – auch in Innenstädten, für die man keinen Allradantrieb bräuchte. Und als E-Bikes können auch Senioren-Lastenräder richtig abgehen. Egal was man fährt oder ob man zu Fuß unterwegs ist:

Es gibt eine SUV-Mentalität, die sagt: Ich setze mich durch, auch wenn ich nicht im Recht bin. Von Rücksicht ist keine Rede. Der SUV der Antike ist das Pferd. Wobei – je nach Rasse ist es vielleicht auch der Porsche der Antike. Wer das Pferd hat, setzt sich durch – ob er recht hat oder nicht.

Deshalb sagt es etwas aus, dass die Hauptdarsteller des Neuen Testaments mit Eseln unterwegs sind. Maria macht sich schwanger auf einem Esel auf den bekanntesten Road Trip der Weltgeschichte. Und Jesus reitet auf einem Esel nach Jerusalem hinein.

Der Esel ist nicht die Rampensau unter den Reittieren. Mit einem Esel brauchst du Geduld. Nicht nur, weil er langsamer ist als ein Pferd. Er hat auch seinen eigenen Kopf. Er ist auch tiefergelegt als ein Pferd – du bist näher am Boden.

Die Esel-Mentalität ist ganz anders als die SUV-Mentalität. Sie ist langsamer, achtsamer und geerdeter. Von Jesus zu lernen, heißt nicht, siegen, sondern leben zu lernen.

So wie im Prinzip jeder Verkehrsteilnehmer eine SUV-Mentalität an den Tag legen kann (egal mit welchem Verkehrsmittel er gerade unterwegs ist), so ist auch die Esel-Mentalität nicht auf Jesus und Maria und die wenigen Eselbesitzer heute beschränkt.

Auch SUV-Fahrer können geerdet fahren, Radlerinnen langsam machen und Fußgänger achtsam durch den Verkehr gehen. Von Jesus zu lernen, heißt nicht, siegen, sondern leben zu lernen. Das ist einfach nicht das Gleiche.

Der Bike-Segen passt eigentlich immer. Du kannst ihn allein sprechen oder vor einer Radtour mit Freunden oder zum Start der Fahrradsaison mit einer größeren Gruppe feiern.

ERÖFFNUNG

Im Namen, des Vaters, des Sohnes und des Heiligen Geistes.
Amen.

[PSALM 91]

Siehe Seite 64.

[FÜRBITTEN UND VATERUNSER]

Du bist ein Gott, der in Bewegung ist.
Mit Abraham und Israel bist du durch die Wüste gegangen
und mit Paulus in die Metropolen.
Bileam, Maria und Jesus sind mit Eseln unterwegs gewesen.

Wir bitten dich,
sei du mit allen, die heute mit Drahteseln unterwegs sind.
Schenk ihnen sichere Fahrt.
Wir bitten, sei du mit allen, die Hilfe brauchen,
um mobil zu sein.
Schenk ihnen Menschen, die sie unterstützen.
Wir bitten für Pendler um Geduld,
für Fahranfänger um Besonnenheit,
für Fahrer großer Fahrzeuge um Rücksicht,
und für ältere Fahrer um Umsicht.
Bewahre alle Verkehrsteilnehmerinnen und
Verkehrsteilnehmer.

Mit Jesus bitten wir:
Vater unser im Himmel ...
Amen.

BIKE-SEGEN

Gott,
dein Segen soll uns durch die Haare fahren
wie warmer Fahrtwind im Frühling.
Dein Segen soll uns mit Leichtigkeit durchs Leben tragen
wie es nur voll aufgepumpte Reifen tun.
Dein Segen soll uns ein sicherer Halt sein bei Gefahr
wie eine gute Bremse.
Dein Segen soll uns schützen
wie ein Helm auf dem Kopf.

So segne du uns,
wenn wir jetzt fahren und alle Tage unseres Lebens.
Amen.

31.
HOME SWEET HOME – DIE NEUE WOHNUNG EINWEIHEN

Ich bin sehr schlecht darin, Urlaub zu buchen. Wie kann man schlecht darin sein, Urlaub zu buchen? Das ist ja schließlich nicht Mathe oder die Steuererklärung machen. Aber es ist so. Ich kann mich einfach schlecht entscheiden. Grundsätzlich brauche ich weder Sonne noch Strand. Aber manchmal denke ich doch, dass es schon toll wäre, einfach die Füße ins Wasser zu strecken und an nichts zu denken. Dann gibt es aber so viele spannende Städte, die ich noch nicht gesehen habe. Und könnte ich das nicht damit verbinden, dort auch Freunde zu besuchen, die ich lange nicht gesehen habe?

Dann bin ich aber auch jemand, der sich viel zu oft in ein neues Projekt hängt, auch, wenn noch andere Sachen am Start sind. Also wäre völlig abschalten mit Sauna und Wellness auch toll.

So geht das die ganze Zeit – und es wird auch nicht besser, wenn ich mich durch Hotel-Websites klicke. Alles hat irgendwie was für mich – und auch etwas, das dagegenspricht.

Am Ende mache ich dann meistens nichts davon.

Ich fahre in ein kleines Haus an der Nordsee. Es ist klein, und alles darin ist unprätentiös, aber super schön: Holz, große, bodentiefe Fenster in die Natur hinaus. Da liege ich dann auf der Couch, während im Kamin das Feuer knistert. OMG – I love it!

Jedes Mal, wenn ich dort durch die Tür komme, ist es ein bisschen wie zu Hause!

Die Dänen haben ein Wort für dieses Rundumgefühl: Hygge!

Hygge ist das Gefühl, zu Hause zu sein, egal wo deine Meldeadresse ist!

Es ist Kaminknistern und Holzgeruch und zugedeckt sein. Es ist rausschauen, wenn Gewitter ist, und wissen, dass dir nichts passieren kann.

Die Engländer würden sagen: My home is my castle.

Und Luther würde sagen: Ein feste Burg ist unser Gott.

Das hat er nicht selbst erfunden, sondern aus Psalm 46 geklaut – oder sagen wir, er hat sich inspirieren lassen.

Was Luther und der Psalmist damit sagen wollen, ist Folgendes: Bei Gott kannst du dich zu Hause fühlen. Gott ist nicht nur holy, sondern auch hygge.

Sich bei Gott zu sammeln, kann sein, wie nach Hause kommen, egal wo du gerade bist.

Bei Gott sein ist holy und hygge.

Diese Liturgie kann zum Beispiel in der ersten Nacht in der neuen Wohnung gefeiert werden, mit Freunden, die beim Umzug geholfen haben oder zum Kick-off einer Einweihungsparty.

ERÖFFNUNG

Im Namen, des Vaters, des Sohnes und des Heiligen Geistes.
Amen.

[PSALM]

Gott ist für uns eine starke Zuflucht.
In höchster Not steht er uns bei.
Darum fürchten wir uns nicht,
wenn die Fundamente der Erde schwanken
und die Berge mitten im Meer wanken.
Sollen die Wellen doch toben und schäumen
und die Berge vor seiner Majestät beben! Sela.
Frisches Wasser strömt durch die Kanäle
zur Freude der Menschen in Gottes Stadt.
Dort hat der Höchste seine heilige Wohnung.
Gott ist in ihrer Mitte, darum wird sie nicht wanken.
Gott wird ihr helfen, wenn der Morgen anbricht!
Völker toben, Königreiche wanken!
Lässt Gott seine Donnerstimme erschallen,
schwanken sogar die Fundamente der Erde:
Der Herr der himmlischen Heere ist mit uns.
Der Gott Jakobs ist für uns eine feste Burg.
Kommt und schaut die Taten des Herrn!
Er versetzt die Erde in Furcht und Schrecken.
Auf der ganzen Welt macht er den Kriegen ein Ende.
Den Bogen zerbricht er, den Speer zerschlägt er
und Streitwagen verbrennt er mit Feuer.

Hört auf zu kämpfen und erkennt: Ich bin Gott!
Ich stehe über den Völkern, ich stehe über der Welt.
Der Herr der himmlischen Heere ist mit uns.
Der Gott Jakobs ist für uns eine feste Burg.

PSALM 46 (BASISBIBEL)

LESUNG

Ihr seid jetzt nicht mehr Fremde oder Gäste,
sondern Ihr seid jetzt Mitbürger der Heiligen
und Gottes Mitbewohner.

NACH EPHESER 19, 3

[GEDANKEN TANKEN]

GEBET UND VATERUNSER

Unser Gott,
wir danken dir für die neue Wohnung/das neue Haus.
Wir bitten dich,
lass es ein Ort werden, an dem wir uns zu Hause fühlen.

Wir bitten dich auch für Menschen,
die nicht so sicher wohnen wie wir:
für Obdachlose,
Menschen auf der Flucht

und die, für die ihr Zuhause kein sicherer Ort ist.
Lass sie Heimat finden.

Vater unser im Himmel,
geheiligt werde dein Name.
Dein Reich komme.
Dein Wille geschehe.
Wie im Himmel so auf Erden.
Unser tägliches Brot gib uns heute,
und vergib uns unsere Schuld,
wie auch wir vergeben unseren Schuldigern.
Und führe uns nicht in Versuchung,
sondern erlöse uns von dem Bösen.
Denn dein ist das Reich,
und die Kraft und die Herrlichkeit,
in Ewigkeit.
Amen.

HAUS-SEGEN

Gott,
du hast uns die Welt als Zuhause gebaut,
in Jesus hast du unser menschliches Leben mitgelebt,
und im Heiligen Geist bist du unser Mitbewohner.

Jetzt bitten wir dich,
segne diese Wohnung/dieses Haus.

Lass hier Freundschaft ein- und ausgehen,
lass Großzügigkeit mit am Tisch sitzen
und lass Frieden über jeder Tür stehen.

Lass die Ruhe hier gut schlafen,
lass Heilung hier ans Handwerk gehen,
und lass das Glück durch die Fenster scheinen.

Lass du deine Gnade morgens im Badezimmerspiegel leuchten,
lass deine Freundlichkeit durch die Zimmer gehen,
und lass deine Liebe in den Herzen aller wohnen,
die hier zu Hause und zu Gast sind.

So segne diese Wohnung/dieses Haus,
Gott Vater, Sohn und Heiliger Geist.
Amen.

32. (HAUS)TIER-SEGEN – BESTER FREUND

Und Gott schuf … Rex. Und Waldo und Muschi. Und Bello und Piepsi und Goldi.

Gott hat ganz schön viel geschaffen:
Amöben, die Kontinentalverschiebung und den Kartoffelkäfer.

Aber am meisten Freude machen dem Menschen – neben anderen Menschen – die kleinen Freunde aus der Fauna, die Gott uns ins Leben gestellt hat. Vielleicht weil er selbst gemerkt hat, dass seine Menschen manchmal etwas anstrengend sein können.

Dein Hund macht dir keine Szene, weil du deine Socken nicht weggeräumt oder einen Kratzer ins Auto gefahren hast. Dein Hund freut sich einfach, dass du da bist!

Deine Katze wird dich umschnurren, auch wenn du den Pitch verkackt hast und dein Hase freut sich, dich zu sehen, auch wenn du noch ungeduscht bist.

Haustiere sind fellige, fedrige und geschuppte Botschafter von Gottes Liebe – für dich.

So sagt es zumindest Martin Luther, als er das Glaubensbekenntnis auslegt:

„Ich glaube an Gott, den Schöpfer des Himmels und der Erde“ – das heißt: Ich glaube, dass Gott mich geschaffen hat – mit Körper und Seele und Augen und Ohren und Vernunft. Und mir Kleider und Schuhe gibt und eine Wohnung und – die Haustiere.

Nichts davon habe ich mir wirklich verdient.
Nicht den treuen Blick,
den Kopf, der sich auf meinen Schoß legt,
oder die Wärme, die Tiere ausstrahlen.
Aber ich habe sie trotzdem.
Danke dafür.

Und für Rex und Waldo und Muschi und wie sie auch immer heißen.

ERÖFFNUNG

Im Namen des Vaters, des Sohnes und des Heiligen Geistes.
Amen.

GEBET

Gott,
du hast gerufen, und die Welt trat ins Leben.
Sand und Meer.
Urwälder und Pfifferlinge.
Und auch deine Tiere.

Manche davon hast du uns als Lebensbegleiter gegeben.

Danke für die Wärme, die sie uns spenden.
Für das Lächeln, das sie uns entlocken.
Und für Freundschaft, die sie uns schenken.
Erhalte sie an unserer Seite.
Und gib uns die Stärke, deine Schöpfung zu erhalten.
Amen.

[PSALM]

Wie zahlreich sind deine Werke, Herr.
In Weisheit hast du sie alle gemacht.
Die Erde ist voll von deinen Gütern.
Mensch und Tier halten Ausschau nach dir,
damit du ihnen Essen gibst zur richtigen Zeit.
Du gibst es ihnen, sie sammeln es auf.
Du öffnest deine Hand, sie essen sich satt
an deinen guten Gaben.
Wendest du dich ab, erschrecken sie.
Nimmst du ihnen den Lebensatem,
dann sterben sie und werden zu Staub.
Schickst du deinen Lebensatem aus,
dann wird wieder neues Leben geboren.
So machst du das Gesicht der Erde neu.
Die Herrlichkeit des Herrn bleibe für immer.
Der Herr freue sich über seine Geschöpfe.
Ein Blick von ihm genügt, dass die Erde bebt –
eine einzige Berührung, dass die Berge rauchen.
Ich will den Herrn loben mein Leben lang!
Meinem Gott will ich singen, solange ich bin!
Mein Lobgesang soll ihm gefallen.

Ich, ja ich freue mich über den Herrn.
Lobe den Herrn, meine Seele! Halleluja!

AUS PSALM 104 (BASISBIBEL)

[LESUNG]

Gott machte aus dem Erdboden alle Tiere – die auf der Erde laufen und krabbeln und die am Himmel fliegen. Dann brachte er sie zum Menschen, um zu sehen, wie er sie nennen würden. Und wie der Mensch sie nannte, so hießen sie. Der Mensch gab allen Tieren auf der Erde und allen Vögeln im Himmel Namen und machte sie sich so mit ihnen vertraut.

NACH GENESIS 2, 19-20A

[GEDANKEN TANKEN]

(HAUS)TIER-SEGEN

Gott,
was du in die Welt setzt, das lässt du nicht ungesegnet.

Wir bitten dich,
segne ________________ (Name)
Sei ihm/ihr ein Schutz vor allem Bösen.
Stärke ihn/sie mit allem Guten.
Lass ihn/sie gesund bleiben

und als Botschafter/in deiner Liebe mit uns/
_______________ (Besitzer) durchs Leben gehen.
So segne dich/euch
Gott der Vater, der Sohn und der Heilige Geist.
Amen.

33. FUCKUP-PRAYER

Der Saal ist dunkel, nur die Bühne ist beleuchtet. Eine junge Frau tritt ins Licht. Sie setzt an … und singt kein Lied, sagt kein Gedicht auf und hält keinen Vortrag über das Thema ihrer Doktorarbeit.

Sie erzählt, wie sie ihr Start-up-Unternehmen vor die Wand gefahren hat.

Das Ganze heißt Fuckup Night.

Da erzählen Gründer, wie ihre Idee schiefgegangen ist, und was sie daraus gelernt haben. Die Zuschauer kommen, um zu sehen, was andere gemacht haben – und wie man es besser nicht macht.

Wenn etwas nicht funktioniert, dann behält man es normal eher für sich. Scheitern ist schambesetzt. Fuckup Nights entdecken das Schöne im Scheitern. Dass man nämlich klüger wird, vielleicht sogar weiser und etwas über sich selbst lernt.

Bei den allerersten Fuckup Nights haben sich die Leute nicht in hippen Event Locations getroffen, sondern in Kirchen.

Als das Christentum noch ganz jung war – so vor 2.000 Jahren –, haben Christen ihre Fuckups vor der ganzen Gemeinde erzählt.

Irgendwann war ihnen das wohl zu peinlich und sie sind zur Beichte nur noch zum Pfarrer gegangen. Klar, unter vier Augen ist etwas Intimes einfach leichter auszusprechen. Aber irgendwie ist es schade, wenn wir das, was wir aus unseren Fehlern lernen, nur im engsten Freundeskreis oder unseren Therapeuten und Pfarrerinnen erzählen.

Vielleicht sollten wir uns weniger schämen und mehr darüber reden, was uns die Fehler unseres Lebens beigebracht haben. Getreu dem Motto: „Weil ich aus den Fehlern meiner Vergangenheit gelernt habe, mache ich heute viel originellere Fehler."

Das folgende Fuckup-Gebet hat die bezaubernde Sabrina Wilkenshof beigesteuert.

GEBET

Am Anfang steht mein Schweigen.
Ich schweige dich an, weil ich meine eigenen Worte
nicht mehr hören kann.
Meine Selbstvorwürfe nicht, meine Angst nicht.
Ich kaue auf meiner Scham, bis sie bitter ist
und mir im Hals stecken bleibt.

Dass mir Fehler verziehen werden von anderen, okay.
Aber ich verzeihe mir gerade gar nichts.
Ich hab es einfach sowas von nicht geschafft.
Gott, wusstest du das eigentlich schon vorher?

Es heißt doch, du weißt alles.
Warum hast du meinen Karren eigentlich nicht an die Wand
gefahren, bevor es so schlimm war?

Ich hab es sowas von nicht geschafft.
Und jetzt schaffe ich nicht mal zu beten und es zu akzeptieren und das Nachdenken zu lassen, endlich zu lassen.
Jetzt seh ich nur die Scherben.
Aber du siehst sie immerhin auch. Jeden kleinen Splitter, auch die kleinsten, die am meisten wehtun.
Du musst da jetzt nichts kleben, ich weiß ja selber noch nicht, was es wieder werden soll, danach.
Ich wäre nur lieber nicht allein in den Scherben.
Und in der bitteren Scham und in der Angst und im Nicht-lassen-Können.
Gott, bleibst du ein bisschen hier mit mir sitzen?
Danke, das reicht schon.
Amen.

SABRINA WILKENSHOF

KRISEN

„Die Krise ist ein produktiver Zustand, man muss ihr nur den Beigeschmack der Katastrophe nehmen“, schrieb der Autor Max Frisch.

Das ist doch mal ’ne Ansage! Man muss doch nicht alles so negativ sehen, kann auch einfach mal an die Lösungen denken!

Manchmal hilft das auch.

Man kann ehrfürchtig vor dem Problem der Klimakrise stehen oder man kann die Chance nutzen und ganz viel Kraft in die Entwicklung sauberer Energie und Technik stecken.

Aber manche Krise ist einfach eine Krise.

Ohne Chancen.

Ohne Lösungen.

Wenn du einen Menschen verlierst. Und keiner dir sagen kann warum.

Wenn der bleischwere Block der Depression auf dir liegt und das gar nichts Produktives hat.

Wenn die Angst sich ans Lenkrad deines Lebens drängt und dich auf dem Seitenstreifen parkt.

Nicht jede Krise hat auch etwas Produktives.

Hör nicht auf die, die dir sagen: „Denk doch einfach positiv.“

Es gibt auch so etwas wie eine toxische Positivität – wenn man das schönredet, was nicht schön ist.

Aus Scheiße Gold zu machen, funktioniert nicht immer.

Manchmal ist und bleibt es scheiße. Und das darf man dann auch sagen.

Was man auch sicher sagen kann, ist, dass Gott ein Ohr dafür hat. Und manchmal – vielleicht nicht am Anfang, aber irgendwann – kannst du hoffen, dass Gott in deinem Leben auch wieder Gold schimmern lässt.

34. MENTAL HEALTH

Situationen, in denen deine psychische Gesundheit angegriffen ist, sind besonders herausfordernd. Oft treibt dich das eher von Menschen weg als zu ihnen hin. Wenn es für dich im Moment das Richtige ist, kannst du dir diesen Segen auch selbst zusprechen. Wenn es dir möglich ist, ist es aber zu empfehlen, dass du jemanden bittest, der dich segnet.

Wenn du das Gefühl hast, dass du allein nicht aus deiner Situation kommst, solltest du dich online oder telefonisch an Beratungsangebote oder an eine Pfarrperson deines Vertrauens wenden. Dafür sind sie da.

SEGEN

Die Gnade, die sagt: „Du bist nicht allein“, mache dir Mut.
Die Empfindsamkeit, die sagt: „Du bist genug“, tröste dich.
Die Weisheit, die dir sagt: „Du bist mehr als die Summe deiner Arbeit“, richte dich auf.
Die Herzlichkeit, die dir sagt: „Du bist geliebt“, umarme dich.

Der Segen Gottes des Vaters, des Sohnes und des Heiligen Geistes komme auf dich und bleibe bei dir – jetzt und alle Tage. Amen.

35. ICH BRAUCHE HILFE

GEBET

Gott, ich rufe, aber Hilfe scheint weit weg.
Und ehrlich – wenn sie käme, würde ich sie vielleicht gar nicht annehmen.

Gott, ich rufe, aber Hilfe scheint weit weg.
Ich bitte dich, schick mir Stärke – nicht um es allein zu schaffen, sondern um zu erkennen, dass ich Hilfe brauche. Ich muss nicht alles allein lösen.

Gott, ich rufe, aber wo ist Hilfe?
Schenk mir Menschen, die mir eine Hilfe sind. Alte und neue Bekannte.
Und professionelle Helfer.

Gott, ich rufe dich. Hilf mir.
Wenn ich mir nicht zu helfen weiß, weißt du den Weg für mich.
Amen.

36.
AM GEBURTS-TAG EINES STERNENKINDS

Diese sensiblen und starken Worte zum Geburtstag eines Sternenkinds hat die großartige Sara Stäbler beigesteuert, wofür ich ihr zutiefst dankbar bin.

Gott,
ich finde kaum Worte für den Schmerz.
Ich will irgendjemandem die Schuld dafür geben,
damit es nicht so weh tut.

Das Herz schlug nicht mehr.
Aber das tat es doch davor immer.
Und meins? Es fühlt sich nicht mehr so an.

Ich höre schon die Worte der anderen:
Ihr könnt doch noch ein Kind bekommen.
Ihr habt doch schon ein Gesundes.

Seid doch dankbar, dann wäre es wohl krank zur Welt gekommen.
Aber nein, das kann und will ich nicht hören.
Mein Kind, vom ersten Moment an geliebt, gewollt, der Entbindungstermin im Kalender und in mein Hirn geschrieben.

Ich weine um mein Kind, ersticke fast an den Tränen.
Ich weine um die Zukunft, die wir nicht gemeinsam erleben.
Ich weine, weil ich mein Sternenkind wohl erst in deiner Ewigkeit kennenlernen werde.
Pass gut darauf auf.
Amen.

SARA STÄBLER

37. DANKE, DASS DU DA WARST

Sie liegt auf dem Bett und weint. Weint sich die Augen aus dem Kopf.

Er ist weg.

Einfach weg. Ohne Vorwarnung – zumindest nicht, dass sie es gemerkt hätte.

Noch kann sie es gar nicht begreifen.

Und weil sie es nicht begreifen kann, weint sie.

Wäre ihr Herz ein Haus, dann würde es so aussehen, als hätte eine Abrissbirne eine Wand eingerissen. Eine tragende.

Und es würde sich genauso anfühlen.

Sie steht vor den Trümmern und vor dem großen Loch, das jetzt in ihrem Leben ist.

Sie beweint ihn und das Loch und hasst ihn ein bisschen, weil er sie alleingelassen hat.

So verschwimmen die Tage und die Wochen, die Monate, wie die Sicht verschwimmt,

wenn du Tränen in den Augen hast.

Aber irgendwann ist es anders.

Eines Tages sagt sie sich:
Es ist vergangen.
Und auch das Leid und das Geschrei und der Schmerz ist nicht mehr. (Offenbarung 21, 4)

Etwas von dem Loch, das er gerissen hat, wird immer bleiben.
Ist ein Teil von ihr.
Aber jetzt wischt sie sich die Tränen von ihren Augen, tritt aus der Tür und schirmt sich mit der Hand die Augen gegen die tiefstehende Wintersonne.

GEBET

_______________ (Name),
ich werde dich so vermissen.
In deine Augen zu schauen,
deine Stimme zu hören,
mit dir zu lachen,
dich um Rat zu fragen.

Dass du weg bist, hat mir ein Loch ins Herz gerissen und ich weiß nicht, wie ich es schließen kann.
Du fehlst, und es tut so weh.

So viele „letzte Male" kommen hoch.
So viele Erinnerungen, die jetzt endgültig Vergangenheit sind,
weil wir sie nicht wieder zusammen erleben können.

Danke für alles, was wir zusammen hatten.
Für jeden Moment.
Du hast mein Leben berührt und Spuren darin hinterlassen.

Mit diesen Spuren von dir werde ich weiter durchs Leben gehen.

Vielleicht kann irgendwann aus dem Loch in meinem Herz eine Narbe werden.
Aber auch in dieser Narbe wirst du bei mir bleiben. In meinem Herz.

Ich kann deine Hand nicht mehr halten – ich lege dich jetzt in Gottes Hände.
Er wird gut auf dich aufpassen.
Bis die Welt wieder neu wird – und wir uns wiedersehen.
Amen.

Wenn du magst, kannst du deinen Verstorbenen auch noch mit diesem Segen segnen.

SEGEN

Es segne dich Gott, der Vater,
der dich nach seinem Bild geschaffen hat.
Es segne dich Gott, der Sohn,
der dich durch sein Leiden, Sterben und Auferstehen erlöst hat.
Es segne dich Gott, der Heilige Geist,
der dich zum Glauben gerufen und geheiligt hat.

Gott, der Vater und der Sohn und der Heilige Geist
geleite dich durch das Dunkel des Todes.
Er sei dir gnädig im Gericht
und gebe dir Frieden und ewiges Leben. Amen.

SEGEN AUS DEM 8. JAHRHUNDERT

DANKSAGUNGEN

Danke,

Stefan, der – ganz nach Sokrates – die Hebamme für die Idee dieses Buches war.

Ann, die den Entstehungsprozess liebevoll-kritisch begleitet hat.

Theresa, Mira, Sabrina, Sara, Leonie & Sam, die diesem Buch ihre schönen Worte geliehen haben.

Eike, dass du da bist.

allen Inspiratorinnen und Inspiratoren, zuallererst dem Heiligen Geist, aber auch **Maria Herrmann** und vielen anderen.

dem **Team des New Era,** die mich beim Schreiben nie haben auf dem Trockenen sitzen lassen.

Und jedem, der diesem Buch durch Ausprobieren Leben gegeben und es für sich kreativ weiterentwickelt hat.

Ein besonderes Danke geht an **Ruth** vom Neukirchener Verlag, die das Projekt begeistert und tatkräftig in ihre Obhut genommen, an **Hauke,** der es geduldig und liebevoll lektoriert hat und an **Anna,** die diese 2. Auflage mit Herzblut und Telefonanrufen begleitet hat.